아침 드셨어요?

이미영 지음

PROLOGUE

오늘 하루도 응원할게!

저희 집에는 온 가족이 지키려고 노력하는 규칙이 한 가지 있어요. 은찬이와 은찬 아범, 그리고 저 이렇게 셋이 함께 아침식사를 하는 거예요. 딸아이가 초등학교에 들어가니 아침이 더욱 분주해져 밥을 먹을 수 있는 시간은 10분 남짓밖에 안 되지만 이 시간만큼은 꼭 지키려고 합니다. 식탁에 앉아 얼굴을 마주하는 것만으로도 많은 것이 달라져요. 오늘 하루 무슨 일이 있을지, 서로 토닥여줄 일은 없는지, 컨디션은 어떤지……, 잠시 살펴주는 시간이지요. 가벼운 토스트에 주스 한 컵, 누룽지에 장아찌 하나를 곁들인 간단한 밥상이지만 그 어떤 음식보다 든든하고 따뜻해요.

저는 엄마를 생각할 때마다 세 자매의 도시락을 아침마다 챙겨주며 학교 잘 다녀오라고 손 흔드시던 모습이 떠오릅니다. 그날 하루를 응원해주시던 엄마 마음이 지금도 제가 살아가는 데 큰 힘이 돼요. 저는 '엄마 밥'의 힘을 믿는답니다. 그래서 아내가, 엄마가 된 지금에는 남편과 아이에게 제 손으로 지은 밥을 꼭 먹이려고 해요. 아침을 함께 먹기로 한 것도 은찬이와 남편이 기분 좋게 하루를 시작하기를 바라는 마음에서예요. 아침을 먹어야 속도 든든하고 두뇌 회전도 잘 돼서 건강한 하루를 보낼 수 있기 때문이기도 하고요.

제가 또 한 번 조심스레 건네는 이 책,《아침 드셨어요?》는 그런 엄마의, 아내의 마음을 담아 만들었습니다. 우리 다 같이 아침밥으로 남편과 아이들을 응원해보아요.

매일 아침상을 차리는 일이 주부들에게 얼마나 큰 고민인지 잘 알고 있어요. 제가 아침마다 허둥대고 헤맸던 이유이기도 하고요. 시간이 흘러 저 나름의 방법들을 찾다보니 그게 그렇게 거창하고 힘든 일이 아니라는 것을 깨달았어요. 바쁜 시간을 짧게 활용해 금세 아침상을 차릴 수 있도록 쉽고 간단한 요리들을 소개할게요. 간단한 달걀요리부터 따뜻하게 데워 먹는 두부, 5분 만에 뚝딱 만드는 죽도 있고, 든든한 한 그릇 덮밥, 샌드위치, 국수와 고기요리까지 다양해요. 아이들 야외활동 하는 날 싸줄 도시락도 함께 실었어요.

실제로 제가 아침마다 준비했던 메뉴들이에요. 어제 저녁 만들었던 반찬이나 국물을 활용하는 것도 있고요. 복잡하게 생각할 필요 없어요. 냉장고 속 재료들로 간편하게 만들 수 있는 것들이니까요.

이른 아침, 조금 피곤하기는 해도 내가 차린 밥상 하나로 남편과 아이가 웃으면서 하루를 시작한다면 그 정도 노력쯤은 할 수 있겠지요? 출근하는 남편, 학교에 가는 아이에게 한 마디 전해보세요.

"오늘 하루도 응원해~!"라고요.

2015년 새해를 맞이하며.
콩닥맘 이미영 드림

CONTENTS

Part 1
콩닥맘 부엌에서 찾은
든든한 요리 지원군

미리 준비해요! 아침상차림 도와주는 간편 육수 · 10
웬만한 요리에는 꼭 필요한 콩닥맘네 기본 양념 · 13
요리가 쉽고 재미있어지는 굿모닝 요리 도구 · 17
콩닥맘이 즐겨 쓰는 간편하고 요긴한 식재료 · 20

Part 2
굿모닝! 잘 잤어요?
영양 가득 아침 밥상

아침엔 간편한 핑거푸드! 4가지 달걀말이밥 · 24
명란달걀말이밥 · 26 | 버섯달걀말이밥 · 27 | 김달걀말이밥 · 28 | 매생이
달걀말이밥 · 매생이떡국 · 29
찬밥으로 영양 아침 달걀죽 · 30
후다닥 뚝딱! 닭죽 · 32
누룽지야, 고마워! · 34
부전여전! 은찬이도 좋아하는 콩나물국밥 · 36
남은 재료 활용한 콩나물쇠고기비빔밥 · 38
아침 속에 부담 없는 렌틸콩가지카레 · 40
엄마의 다이어트 메뉴, 렌틸콩볶음 · 42
한 그릇으로 해결! 간장마파두부밥 · 44
5분만에! 쇠고기덮밥 · 46
돌솥에 따끈하게 준비한 김치알밥 · 48

엄마가 감기에 걸린 날, 아빠의 버섯 힐링 탕 · 50
따뜻한 두부와 부추양념장 · 54
온 가족 입맛을 두루 공략! 채소된장덮밥 · 56
입맛 없고 지칠 때 시원하게~ 김치묵밥 · 58
장염 걸린 딸을 위한 쇠고기채소죽 · 60
따끈하게, 속도 편하게, 맑은 순두부국 · 64
후다닥 떡국 VS. 굴떡국 · 66
알록달록 하와이안무수비와 초스피드 만두국 · 70

■ **냉장고에 든든한 밑반찬 쟁여두기 · 74**

엄마의 아몬드멸치볶음 · 74 | 아빠의 매콤 멸치볶음 · 75 | 딸에겐 달달한 멸치과자 · 75 | 미역줄기볶음 · 76 | 콩자반 · 76 | 봄의 향기, 건취나물볶음 · 77 | 여름엔 가지볶음 · 77 | 오이나물 · 78 | 초간단 새송이버섯볶음 · 78 | 우엉조림 · 79 | 남편의 밥도둑, 두부조림 · 80

효자 반찬 장조림으로 만든 장조림볶음쌀국수 · 82
굿모닝! 10분 잡채 · 84
아이들도 잘 먹는 두유 콩국수 · 86
든든한 하루의 시작, 아침 삼겹살과 부추겉절이 · 88
밥 한입! 말이 한입! 베이컨채소말이와 쇠고기마늘종말이 · 90
부엉, 부엉~ 서니 사이드 업 · 94

■ **아침에 먹기 좋은 달걀의 모든 것 · 98**

수란 · 98 | 스크램블드 에그 · 98 | 오버 이지 에그 · 99 | 달걀프라이 예쁘게 만드는 법 · 99

길쭉해서 좋아! 돈가스스틱 · 100
부담 갖지 말아요! 아몬드안심구이 · 102
우리 딸, 힘을 내! 햄버그스테이크와 시금치볶음 · 104
향초빵가루로 촉촉한 닭가슴살구이 · 108

가볍게 먹고 싶은 날! 로메인에그샐러드 · 110

가볍고 알찬 한 그릇, 양배추베이컨수프 · 112

셰프가 되는 오늘! 미트볼토마토수프 · 114

여유로운 아침의 행복, 잉글리시머핀과 양송이수프 · 116

달콤고소한 아침, 앙버터 · 120

선택의 기로! 애플팬케이크와 바나나팬케이크 · 122

미니 팬케이크핫도그와 딸기우유 · 126

바게트로 만든 프렌치토스트 · 128

마이 홈 브런치 카페, 몬테크리스토 · 130

달걀을 얹을까, 말까? 크로크무슈와 크로크마담 · 132

새로운 맛의 발견! 버섯과 수란 캄파뉴샌드위치 · 134

단호박과 친해지는 방법, 구운 단호박샐러드 · 136

오늘 하루도 열심히! 푸짐한 한우샐러드 · 138

6가지 행복, 굿모닝파스타 · 140

바질페스토파스타 · 142 | 버섯크림파스타 · 143 | 알리오올리오 · 144 | 연어크림파스타 · 145 | 흑임자크림파스타 · 146 | 나폴리탄 스파게티 · 147

생일엔 미역국과 엄마표 딸기생크림케이크 · 148

당근비스킷과 3가지 홈메이드 잼 · 152

딸기잼 · 154 | 블루베리잼 · 155 | 청포도키위잼 · 156

크래미에그롤과 바나나딸기롤 · 158

아침의 깜짝 선물, 딸기찹쌀떡 · 160

초콜릿 옷을 입혀줄까? 초콜릿바나나 · 162

달콤상큼 기분 업! 일본식 과일샌드위치 · 164

실패는 없다! 한입 쏙 카프레제 · 166

상큼한 블루베리 생크림요거트와 시리얼 · 168

한 컵이어도 든든한 검은깨미숫가루 · 170

Part 3

맛있게 먹고 힘내!
사랑 꾹꾹 눌러 담은 도시락

도시락 중의 도시락! 김밥의 정석 · 174

기본 김밥 · 178 | 참치김밥 · 178 | 치즈김밥 · 179

속 재료 준비하기 귀찮은 날, 돈가스김밥과 콘샐러드 · 182

레몬간장소스 닭봉구이와 우엉유부초밥 · 184

견과류쌈장을 곁들인 쌈밥과 양배추롤 · 186

라이스크로켓과 꼬마김밥, 과일꼬치 · 192

스타일 사는 컵밥과 샐러드 · 194

추억의 도시락 · 196

아빠를 위한 충무김밥 · 198

힘내요 당신, 장어도시락 · 200

캘리포니아롤과 치킨가라아게도시락 · 202

김초밥과 오이롤 · 205

샐러드를 곁들인 차돌박이김밥과 메추리알튀김 · 206

발사믹드레싱 · 209 | 레몬드레싱 · 209 | 오리엔탈드레싱 · 209

달걀샌드위치 반! 참치샌드위치 반! · 210

한 개만 먹어도 든든해! 감자샌드위치 · 212

동물나라 메추리알 · 214 | 앙증맞은 소시지 · 215

Part 1

콩닥맘 부엌에서 찾은 든든한 요리 지원군

🍲 미리 준비해요! 아침상차림 도와주는 간편 육수

식구들 컨디션에 따라, 날씨에 따라, 식성에 따라 밥상을 차리려면 엄마는 아침 일찍부터 종종거려야 해요. 아침이라고 늘 빵이나 시리얼과 같이 간단한 것으로만 차릴 수는 없으니까요. 이럴 때 미리 만들어둔 육수나 전날 저녁을 준비할 때 함께 손질해둔 재료가 있다면 정말 좋겠지요? 간편하게 만들 수 있는 기본 육수와 요리 팁을 알려드릴게요.

멸치다시마육수

재료 물 1.5ℓ, 멸치 10마리, 다시마(10×10cm) 1장, 청주 2큰술
좀 더 구수한 맛을 내려면! 냉장고에 대파(1/2대), 마늘(3쪽), 북어포(1줌), 북어머리 등이 있다면 함께 넣어요.

1 멸치는 머리와 내장을 제거해요.
2 신선한 멸치라면 그대로 사용해도 좋지만, 냉장고 속에 보관해두었던 멸치는 마른 팬에 살짝 볶아 비린내를 날려요. 다시마 표면의 하얀 가루는 젖은 행주로 닦아내요.

3 찬물에 멸치와 다시마, 그밖의 재료를 넣고 끓이다가 국물이 끓기 시작하면 다시마는 건져내고 중간불로 줄여 15분 정도 더 끓여요. 국물이 말갛게 우러나면 체에 밭쳐 건더기는 걸러내고 국물만 사용하세요.

★다시 백 활용하기

저는 육수를 거르는 과정 없이 간편하게 만들기 위해 '다시 백'을 이용해요. 속이 살짝 비치는 얇은 부직포 소재의 작은 주머니예요. 마트에서 쉽게 구입할 수 있어요. 다시 백에 멸치와 다시마, 북어포 등을 1회분씩 나누어 담은 다음 지퍼백에 모아 넣고 냉동실에 보관해두면 필요할 때 꺼내서 바로 육수를 만들 수 있지요. 다시 백이 재료에서 나오는 거품도 자연스럽게 걸러주고 다 끓인 육수를 체에 거를 필요도 없으니 참 간편해요.

간단 닭육수

재료 물 1ℓ, 닭가슴살 4쪽, 마늘 4쪽, 대파 1대, 통후추 10알, 청주 50㎖
닭가슴살로 쉽고 빠르게! 닭육수는 원래 닭 한 마리를 뼈째 삶아 우려내는 것이 기본이지만 냉장고 속에 늘 닭 한 마리씩 보관해둘 수도 없고 시간도 오래 걸리잖아요. 그래서 저는 닭가슴살을 이용해 쉽게 닭육수를 만들어요.

1 닭가슴살은 넓적한 면을 살려 1cm 두께로 썰어주세요.
   단면이 넓어지면 물과의 접촉면이 커지기 때문에 짧은 시간에 육수가 더 잘 우러나와요.
2 냄비에 찬물과 닭가슴살, 마늘, 대파, 통후추를 넣고 끓여요. 이때 생기는 거품은 말끔히 걷어주면서 육수가 끓어오르면 청주를 넣고 잡내를 날린 다음 불을 줄여요.
3 20분간 더 끓인 다음 체에 걸러주세요.
   육수를 낸 닭가슴살은 결대로 찢어 넣고 닭죽을 끓이거나 보관용기에 담아 냉장고에 두었다가 초계탕을 만들 때 사용하면 좋아요. 단, 냉장보관한 고기는 2~3일 내로 사용하세요.

쇠고기육수

재료 물 1.5ℓ, 쇠고기(양지) 300g, 양파 1/2개, 대파 1대, 마늘 3쪽, 청주 2큰술, 통후추 10알

1 쇠고기는 큼직하게 썰어 물에 1시간 정도 담가 핏물을 빼요.
2 냄비에 찬물과 쇠고기를 넣고 거품을 걷어내며 끓이고 끓기 시작하면 중불로 줄여 30분 정도 더 끓여요. 중간 중간 국물 위로 뜨는 거품을 잘 제거해야 육수의 색이 탁

하지 않고 향이 좋아요.

3 체에 면보자기를 깔고 육수를 부어 맑은 국물만 내리고 차게 식힌 뒤 위에 하얗게 굳은 기름은 말끔히 걷어내고 병에 담아 냉장 또는 냉동보관해요.

채소육수

재료 물 1ℓ, 냉장고 속 남은 채소들(무, 양파, 대파, 배추, 마른 표고버섯 등) 200g씩, 다시마(10×10cm) 1장, 청주 2큰술

1 다시마는 표면의 하얀 가루를 젖은 행주로 닦아내고, 자투리채소들은 큼직하게 썰어요.

2 냄비에 물과 다시마, 채소를 넣고 끓이다가 국물이 끓기 시작하면 다시마를 건져내고 중불로 줄여 20분 정도 더 끓이다 청주를 넣어요.

3 체에 면보자기를 깔고 육수를 부어 걸러 식힌 뒤 병에 담아 냉장보관해요.

 웬만한 요리에는 꼭 필요한 콩닥맘네 기본 양념

일상생활 속 밥상에 늘 오르는 음식에 꼭 필요한 기본 양념이에요. 건강한 요리에 맛을 내는 일등공신이지요. 아이가 있는 집이라면, 남편이 집밥을 좋아한다면 꼭 챙겨두세요. 바쁜 아침상을 차리는데 하필 양념 하나가 똑 떨어졌다면 참 난감하니까요.

소금

소금은 크게 천일염과 정제염으로 나누어요. 용도에 따라 굵은 소금, 꽃소금, 죽염, 구운 소금 등으로 나눌 수 있어요. 천일염은 바닷물을 원료로 염전에서 만든 소금으로 햇볕과 바람에 의해 자연적으로 만들어진 소금입니다. 천일염을 깨끗한 물에 녹여 불순물을 제거하고 다시 결정화시킨 소금이 꽃소금이고요. 일반적으로 우리가 요리를 할 때 사용하는 소금이라고 보면 돼요. 구운 소금은 천일염에 열을 가해 간수성분이나 불순물을 없애고 무기질을 남긴 소금을 말해요.

설탕

일반적으로 마트에서 판매하는 대부분의 설탕은 정제설탕이에요. 이 정제설탕에는 미네랄은 사라지고 당류만 남아 있어 많이 섭취하면 몸속의 칼슘을 밖으로 내보내기 때문에 아이들의 성장을 방해하고 근시의 원인이 되기도 한다고 해요. 그러니 설탕을 사용할 때는 되도록 정제하지 않은 비정제설탕을 구입하도록 하세요. 비정제설탕에는 칼슘, 칼륨, 아연, 철 등의 영양 성분이 함유되어 있답니다. 필리핀에서 나는 천연 사탕수수를 정제하지 않고 원당으로 만든 마스코바도나 유기농 원당 등을 구입해서 사용하는 것이 좋아요. 쌀과 엿기름을 정제 과정 없이 오랜 시간 달여 만들어 영양분이 그대로 살아있는 조청도 좋고요. 단, 점도가 높으니 요리 중간에 넣지 말고 요리가 끝난 후 불을 끄고 마지막에 넣어 섞어주도록 하세요.

조리용 오일류

조리용 기름으로 식용유, 올리브오일, 포도씨유, 카놀라유가 대표적입니다. 비타민 E가 들어있는 포도씨유는 식용유보다 발화점이 높아 잘 타지 않고 산패속도가 비교적 느릴 뿐 아니라 향이 거의 없어 가장 무난하게 안심하고 사용할 수 있어요. 카놀라유는 유채 씨에서 뽑아낸 기름으로 산과 열에 비교적 안정적이고 오메가 3를 포함하고 있어요. 하지만 현재 시중에 판매되는 카놀라유 대부분을 GMO 카놀라를 생산하는 국가에서 수입한다고 하니 조금 고민이 되는 부분이에요. 올리브오일은 올리브를 압착해서 짜낸 기름으로 콜레스테롤 걱정이 없어요. 엑스트라버진 올리브오일의 경우 향과 맛이 강하고 발연점이 낮아 튀김처럼 높은 온도로 조리하는 요리에는 적합하지 않고 샐러드드레싱이나 빠르게 조리하는 요리에 적당해요.

생 들기름

신선한 들기름은 우리 몸을 건강하게 지켜줍니다. 오메가 3 지방산을 비롯해서 많은 영양물질이 풍부하게 들어있어요. 하지만 만들어지는 과정에서 고열에 의해 상하게 될 경우 맛은 더 고소할지 몰라도 유익한 물질은 사라지고 트랜스지방산이나 활성산소 등이 나와 우리 몸을 오히려 해칠 수 있다는 점은 기억해주세요. 그래서 값은 조금 더 비싸고 유통기한이 짧더라도 몸에 좋은 생 들기름을 구입하라고 권하고 싶어요.

기타 양념

기본 양념이라고 할 수는 없지만 좀 더 다양한 맛을 내기 위해 즐겨 사용하는 양념이에요. 매콤하면서 감칠맛이 나는 두반장은 대두에 고추와 향신료를 넣어 발효시킨 중국 양념입니다. 굴소스는 굴 특유의 감칠맛과 향이 살아 있어 조림이나 볶음요리를 할 때 간장과 함께 사용하면 맛이 더 깊어져요. 레몬즙은 식초를 대신하거나 식초를 줄이고 사용하는 상큼한 양념이지요.

간장

콩을 주원료로 만드는 간장 중에서 집 간장을 제외하고 일반적으로 마트에서 판매하는 간장으로는 진간장과 양조간장, 국간장이 있어요. 진간장은 색이 진하고 단맛이 나는 개량식 간장인데요. 비교적 짧은 시간동안 대량으로 생산하는 혼합간장이라 양조간장에 비해 가격이 저렴합니다. 양조간장은 장기간 발효와 숙성기간을 거쳐 깊은 맛을 내요. 조리할 때 넣지 않고 회나 부침개 등에 곁들일 때 더욱 좋아요. 맑은 국이나 무침 등에 주로 사용하는 것은 국간장인데 조선간장이라고 부르기도 합니다. 조선간장은 염도가 높고 색깔이 옅어서 음식 본래의 색을 유지하면서 간을 맞추는 데 유리해요.

어간장과 맛간장

제가 주로 사용하는 양념 중에 추천하고 싶은 것이 이 어간장과 맛간장이에요. 전통 어간장은 고등어와 전갱이 등을 화학첨가물 없이 옹기에서 발효시킨 뒤 다시마와 무말랭이액을 넣어 2차 발효해 만들어요. 미네랄과 불포화지방산, 칼슘 등의 영양소가 풍부하지요. 고기를 절일 때나 각종 양념과 소스를 만들 때 사용하는데, 저는 한살림에서 판매하는 어간장을 주로 사용해요. 맛간장의 경우는 집에서 직접 만들 수 있어요. 양조간장에 비정제설탕과 채소육수, 사과, 레몬 등을 넣어 만들어 사용하면 돼요.

청주와 맛술

청주는 쌀과 누룩, 물을 이용해 빚은 술로 탁주에 비해 맑게 걸러 청주라고 불립니다. 음식을 할 때 넣으면 비린내가 함께 날아가 재료의 잡내를 없애고 깔끔한 맛을 낼 수 있어요. 맛술은 청주에 조미하여 단맛을 첨가한 제품이에요.

식초

식초는 산도에 따라 일반식초와 2배식초가 있어요. 일반요리인지 신맛을 강하게 내야 하는 요리인지 구별해서 사용하면 됩니다. 또 주재료에 따라 현미식초, 양조식초, 사과식초, 레몬식초, 와인식초, 발사믹식초 등으로 나뉘지요. 취향에 따라 선택하세요.

콩닥맘은 재료의 양을 이렇게 재요!

1큰술=15㎖

계량숟가락과 일반 밥숟가락을 비교해보았어요. 설탕을 담았을 때 요리에서 말하는 보통 1큰술은 계량숟가락에 윗면을 평평하게 깎아 담은 양이에요. 일반 밥숟가락으로는 위로 살짝 볼록하게 올라오는 양이지요. 간장과 같이 액체 재료의 양을 잴 때도 계량숟가락으로는 액체의 윗면이 평평하게, 밥숟가락으로는 담길 수 있는 만큼 가득 담으면 돼요. 1큰술은 15㎖, 작은술은 5㎖입니다. 1작은술은 1큰술의 1/3이라고 생각하면 계량하기 쉬워요. 즉, 일반 밥숟가락으로 1작은술을 재려면 1/3만 차도록 담으면 됩니다.

1컵=200㎖

1컵은 200㎖예요. 계량컵으로 1컵, 즉 200㎖는 일반적인 크기의 종이컵에 가득 담은 양과 같아요. 계량컵을 하나쯤 구비해두면 눈금에 표시된 대로 사용하면 되니 편해요. 계량컵이 없을 경우에는 이와 같이 종이컵을 사용하면 되고요.

요리가 쉽고 재미있어지는 굿모닝 요리 도구

매일 아침마다 식구들의 아침상을 차리는 건 사실 쉬운 일은 아니에요. 깔깔한 입맛도 달래야 하고 소화되기 쉽고 영양 풍부한 메뉴로 준비하려니 엄마 마음은 더욱 바쁘답니다. 이럴 때 요리를 쉽고 편하게 도와주고 재미있는 아이디어까지 더한 도구들이 있다면 아침상 차리기에 활력소가 되겠지요? 요즘은 참 편리한 제품들이 많이 나와 있으니 알차게 활용하세요.

1 실리콘 달걀 틀

특별한 달걀프라이를 만들고 싶을 때는 여러 가지 모양의 실리콘 달걀 틀을 이용하세요. 콩닥맘은 시험을 앞둔 딸아이의 긴장을 풀어주거나 해피바이러스를 전하고 싶을 때 즐겨 사용해요.

2 페이퍼 스트로

예쁜 만큼 활용도도 높은 페이퍼 스트로예요. 우유 한 잔을 마실 때도 기분 좋게! 아침이 즐거워지는 아이템이지요. 아이들 생일파티 때도 요긴하게 사용할 수 있어요.

3 채소탈수기

샐러드에서 가장 중요한 건 단연 채소의 물기를 제거하는 일이에요. 채소탈수기를 이용하면 말끔하게 물기가 제거돼 드레싱과 잘 어우러지는 샐러드를 만들 수 있어요.

4 깔대기

육수를 만들어 병에 담을 때, 잼을 만들어 병에 담을 때 편리한 도구예요.

5 치즈그레이터

치즈를 갈아야 할 때 사용해요. 치즈뿐 아니라 레몬이나 오렌지 껍질, 생강, 마늘 등을 갈 때도 요긴하지요.

6 나무와 실리콘주걱

요리를 할 때 주로 나무나 실리콘주걱을 사용해요. 특히 실리콘주걱은 높은 온도에서도 안전하게 음식을 섞어주고 냄비나 팬, 용기에 묻은 식재료를 남김없이 깔끔하게 훑어주니 좋아요.

7 거품망

콩닥맘이 가장 자주 집어 드는 도구예요. 국물을 끓일 때 거품을 쉽게 걷어낼 수 있지요.

8 오일스프레이

오일을 얇게 골고루 뿌릴 수 있어요. 특히 팬에 얇고 고르게 오일을 뿌려야 할 때 편리합니다. 오븐에서 고기를 구울 때 오일스프레이를 뿌려주면 겉을 바삭하게 만들 수 있어요.

9 도깨비방망이

방망이 모양의 믹서인데 언젠가부터 '도깨비방망이'라는 이름으로 불려요. 수프를 끓이거나 소스를 만들 때 냄비에 이 도구를 꽂아 넣고 사용하면 재료를 따로 믹서에 옮기거나 하지 않아도 되니 참 편리해요.

10 잼 병 리프터

잼이나 육수를 담을 밀폐 유리병을 소독할 때 끓는 물에서 건져내는 집게예요. 병을 미끄러뜨리지 않고 쉽게 꺼낼 수 있답니다.

11 스테인리스 조림뚜껑

약한 불에서 오래 조려야 하는 조림 요리에 이 뚜껑을 사용하면 국물이 끓으면서 구멍 사이로 올라와 재료에 국물을 끼얹는 효과가 있어요.

12 실리콘 컵

도시락에 반찬이나 과일 등을 담을 때 활용해보세요. 물기가 새어 나와 도시락을 망치는 일을 막을 수 있어요.

13 김 펀치

주먹밥이나 아이들 도시락을 장식하는 도구예요. 김을 사이에 넣고 펀치처럼 누르면 다양한 모양의 김 조각이 완성돼요.

14 나무젓가락 커버

도시락을 쌀 때 나무젓가락을 커버에 쏙 넣어 보내세요. 예쁘기도 하고 더욱 정성스러워 보여요.

15 도시락용기

도시락은 크기별·소재별·모양별로, 또 용도에 따라 참 다양한 종류가 있어요. 친환경소재로 만든 나무도시락은 음식의 풍미를 살려주지요. 나무의 종류나 원산지, 마감처리를 확인하고 구입하세요. 스테인리스 소재는 뜨겁거나 양념이 묻어나는 반찬도 걱정 없이 담을 수 있어요. 예쁜 캐릭터도시락은 아이들에게 인기 만점이고요. 칸이 나뉜 파티션 도시락은 편리하고, 간편하게 사용하는 일회용 도시락도 다양한 종류가 있어요.

16 보온병과 커버

따뜻한 물이나 차, 국물, 죽 등을 담을 수 있는 보온병이에요. 손수건 등으로 커버를 씌워주면 보온병을 떨어뜨렸을 때 충격을 덜 받게 해주고 스크래치 등을 방지해 오래도록 보온병을 깨끗하게 쓸 수 있어요.

콩닥맘이 즐겨 쓰는 간편하고 요긴한 식재료

특정 브랜드의 제품만을 고집할 필요는 없지만, 평소 콩닥맘의 손이 자주 가는 식재료 몇 가지만 소개하려고 해요. 직접 찾아 써보니 괜찮았던 제품들인데, 특히 아이가 있는 집에는 추천해요. 아침식사를 차릴 때는 몸에도 좋아야 하고 쉽고 간편하게 만들 수도 있어야 하니 애용하는 몇 가지 식재료 리스트를 정리해두고 두루두루 사용하면 참 편하답니다.

1 우리밀

수제비나 칼국수, 기타 반죽에 사용하는 밀가루는 수입밀보다 우리밀을 사용하는 편이에요. 그 중에 친환경유기농매장 농부로부터에서 판매하는 앉은뱅이 밀은 영양학적으로도 수입밀보다 우수하다고 이미 세계적으로 인정받은 밀이에요.

2 현미찹쌀누룽지

이른 아침 식사로 누룽지를 종종 끓여요. 밥솥에 남은 밥으로 미리 만들어둔 누룽지가 없을 때는 유기농쌀로 만든 현미찹쌀누룽지를 이용하지요.

3 볶음검정콩가루

국내산 검정콩 100%로 만든 볶음검정콩가루는 선식이나 미숫가루에 함께 넣어 먹거나 볶음요리에 1큰술 정도 넣어 고소한 맛을 더해요.

4 무농약 건나물

나물은 각종 비타민과 무기질을 풍부하게 함유하고 있어 자주 상에 내는 재료예요. 은찬이도 편식하지 않고 잘 먹어주니 참 고맙습니다. 건나물은 보관도 쉽고 계절에 상관없이 나물을 즐길 수 있어 좋아요. 나물을 손질해 말리고 할 시간이 없잖아요? 그럴 때는 무농약 건나물을 구입해서 쓰세요. 저는 초록마을 건나물을 종종 이용해요. 밥에 넣어 나물밥을 해먹거나 충분히 불려 무침이나 볶음으로 먹어도 좋아요.

5 건도토리묵

은찬이가 좋아하는 식재료 중 하나예요. 독특하지요? 도토리묵을 건조시켜 영양가가 더욱 높아지고 식감도 탱글탱글해서 떡볶이에 떡과 함께 넣어 먹으면 잘 먹어요.

6 생 들기름

앞서 기본 양념에서 이야기한 생 들기름이에요. 저희 집에서는 참 중요하게 여기는 식재료 중 하나이지요. 공복에 1큰술을 먹으면 그대로 약이 된답니다. 나물을 무칠 때 특히 향을 더해 좋아요.

7 이즈니버터

다큐멘터리 '옥수수의 습격'이라는 TV 프로그램을 본 적 있으신지요? 그때 소개된 버터 이야기를 듣고는 버터를 고를 때 꼼꼼하게 따지게 되었어요. 이즈니버터가 좋다는 이야기를 듣고 콩담마도 이 버터를 사용하고 있지요. 비옥한 환경을 가진 프랑스 노르망디 이즈니 지역에서 방목 사육한 젖소의 우유로 만드는 버터래요. 콜레스테롤 수치가 높지 않고 오메가 3 등의 영양소가 풍부합니다.

8 유기농 애플주스

대형마트나 유명 카페 등에서 판매하는 수입 과일주스에서 납 성분이 초과 검출되었다는 기사를 읽고 너무 실망스러웠어요. 그때부터 우리 가족이 먹는 주스를 깐깐하게 고르게 되었지요. 우연히 아이허브에서 판매하는 유기농 애플주스를 알게 되었고, 은찬이가 좋아해서 아침상에 종종 오르곤 한답니다.

9 우리밀쌀국수

국수를 좋아하는 우리 가족. 그래서 아침에도 비빔국수나 잔치국수를 종종 만들어요. 친환경 우리밀쌀국수라면 더 안심할 수 있겠지요?

10 유기농 치킨스톡

미리 만들어놓은 닭육수가 없을 때는 치킨스톡을 사용해요. 되도록 직접 만든 육수가 좋겠지만 바쁜 아침에는 이 유기농 치킨스톡이 있다는 것이 얼마나 든든한지 몰라요.

11 제주감귤과 채소주스

은찬이뿐 아니라 엄마 아빠도 가볍게 마실 수 있는 주스예요. 한 박스 사두었다가 아이 소풍 때나 외출할 때 가방에 넣어주곤 한답니다.

12 한살림 맛간장

집에서 직접 만든 맛간장이 몸에도 좋고 제일 맛있겠지만, 시간이 없을 때는 한살림 맛간장을 추천해요. 음식에 감칠맛을 내는 일등공신이랍니다.

Part 2

굿모닝! 잘 잤어요?
영양 가득 아침 밥상

아침엔 간편한 핑거푸드!
4가지 달걀말이밥

명란달걀말이밥

버섯달걀말이밥

김달걀말이밥

매생이달걀말이밥

명란젓 2개, 밥 4큰술, 참기름 조금, 깨소금 조금, 올리브오일 조금
달걀물 달걀 4개, 맛술 1큰술, 소금 3꼬집, 설탕 1작은술, 다진 마늘 1/2작은술

1	2	3	4
5	6	7	

명란달걀말이밥

1 명란젓은 가로 방향으로 칼집을 내고 칼등으로 긁어내 껍질을 제외한 알만 모아요.

2 긁어낸 명란젓에 참기름과 깨소금을 넣고 고루 섞어요.

3 달걀에 소금과 설탕, 맛술, 다진 마늘을 넣고 고루 풀어요.

4 중약불에서 달군 팬에 기름을 두르고 종이타월로 살짝 닦아낸 뒤 달걀물의 1/3을 부어 둘러주세요. 달걀이 살짝 익기 시작하면 밥을 올려요.

5 그 위에 ②의 명란젓을 바르듯이 넓게 펴 올려요.
명란젓은 달걀이 다 익기 전에 되도록 빠르게 바르는 것이 중요해요!

6 달걀물이 반숙으로 익으면 끝부분을 조금 남기고 돌돌 말아 안쪽으로 당겨놓아요. 다시 남은 달걀물의 반을 부어 앞서 말아놓은 달걀에 고르게 닿도록 프라이팬을 기울여 흘려주세요.

7 새로 부은 달걀이 반숙으로 익으면 먼저 말아놓은 달걀말이부터 다시 돌돌 말아주세요. 이 과정을 2회 정도 반복해 달걀말이밥을 완성하세요.

명란젓은 짭짤하기 때문에 밥에 올릴 때 최대한 얇게 펴 발라요. 명란젓의 염도를 고려해 달걀물을 만들 때는 소금을 아주 조금만 넣어도 돼요.

양송이버섯 4개, 소금·후춧가루 조금씩, 올리브오일 조금
달걀물 달걀 4개, 청주 1큰술, 소금 4꼬집, 우유 2큰술, 설탕 1작은술

버섯달걀말이밥

1 버섯은 양송이버섯이나 표고버섯, 새송이버섯 등 취향대로 준비해 가늘게 채 썰거나 얇게 슬라이스해요. 달군 팬에 올리브오일을 살짝 두르고 버섯을 넣어 소금과 후춧가루를 조금 뿌려 볶아요.
버섯을 볶을 때는 기름을 한 번에 많이 두르지 말고 조금씩 나눠 넣어가며 볶아요.

2 달걀에 소금을 조금 넣고 맛술과 청주, 우유, 설탕을 넣어 충분히 풀어요.

3 팬을 약하게 달구고 기름을 둘러 종이타월로 살짝 닦은 뒤 달걀물의 1/3을 부어 둘러줍니다. 달걀이 살짝 익기 시작하면 ①의 버섯을 올려요.

4 버섯 위에 밥을 길게 올려요.

5 달걀물이 반숙으로 익으면 달걀 끝부분을 조금 남기고 돌돌 말아 안쪽으로 당겨놓아요. 다시 남은 달걀물의 반을 부어 앞서 말아놓은 달걀에 고르게 닿도록 프라이팬을 기울여 흘려주세요.

6 새로 부은 달걀물이 반숙으로 익으면 먼저 말아놓은 달걀부터 다시 돌돌 말아주세요. 이 과정을 2회 정도 반복하여 달걀말이밥을 완성해요.

달걀물에 우유를 넣으면 달걀말이가 부드러워져요. 폭신한 식감보다 단단한 달걀말이를 먹고 싶다면 우유를 넣지 마세요.

| 1 | 2 | 3 |
| 4 | 5 | 6 |

김달걀말이밥

1 밥에 후리가케 2큰술과 참기름, 소금을 넣고 고루 섞어요.

2 달걀은 소금을 조금 넣고 곱게 풀어 달걀물을 만든 뒤 중약불로 달군 팬에 기름을 둘러 종이타월로 살짝 닦은 다음 달걀물의 1/3 분량을 부어요. 달걀이 반 정도 익으면 김 1장을 올리고 그 위에 ①의 밥을 올려 돌돌 말아요.

3 돌돌 말은 달걀말이를 안쪽으로 끌어당기고 다시 남은 달걀물의 1/3을 부어요. 달걀물이 반 정도 익으면 김 1장을 올린 뒤 다시 돌돌 말아요. 이 과정을 2~3회 반복하세요.

4 마지막 달걀물에는 달걀말이가 잘 붙을 수 있도록 김을 올리지 않고 말아주세요.

달걀 4개, 구운 김 4장, 밥 1/2공기, 후리가케 2큰술, 참기름 조금, 소금 4꼬집, 올리브오일 조금

| 1 | 2 |
| 3 | 4 |

1	2	3
4	5	6	7

달걀 4개, 매생이 1/3컵, 밥 1/2공기, 생 들기름 조금, 소금 3꼬집, 올리브오일 조금

매생이달걀말이밥

1 매생이는 흐르는 물에 씻어 체에 밭치고 가위로 먹기 좋게 잘라요.

2 달걀에 평소보다 적은 양의 소금을 넣고 풀어놓아요. 다시 달걀물에 매생이를 넣고 곱게 풀어요.

3 중약불로 달군 팬에 기름을 둘러 종이타월로 살짝 닦은 뒤 매생이를 넣은 달걀물의 1/3 정도를 부어요.

4 매생이달걀물이 반숙으로 익으면 밥을 올리고 밥 위에 생 들기름을 한 줄로 부어줍니다.

6 돌돌 말은 매생이달걀말이를 안쪽으로 끌어당기고 남은 달걀물의 1/3을 다시 부어줍니다.

7 ⑥에서 새로 부은 달걀물이 반숙이 되었을 때 다시 돌돌 말아주는 과정을 2~3회 반복합니다.

매생이가 남았네! 매생이떡국

요리하고 남은 매생이는 냉동실에 얼려두었다가 사용하거나 즉석에서 떡국을 끓일 수 있어요. 한 가지 재료로 두 가지 요리를 뚝딱 차려내는 것이 요령 아니겠어요?

매생이 1/2컵, 떡국 떡 150g, 멸치다시마육수(p.10) 4컵, 국간장 1큰술, 양조간장 1/2큰술, 소금 조금

1 떡은 흐르는 물에 씻어 말랑해지도록 찬물에 20분 정도 담가두어요. 매생이는 흐르는 물에 부드럽게 흔들어 씻어 체에 밭치고 가위로 먹기 좋게 잘라요.

2 냉장고에 보관해둔 멸치다시마육수가 있으면 꺼내고 없으면 p.10의 레시피대로 후다닥 육수를 끓여요.
떡을 불리는 동안 육수를 끓이면 시간이 충분해요!

3 국물이 끓으면 떡을 넣어요.

4 떡이 부드럽게 익었으면 매생이와 국간장을 넣어요. 부족한 간은 소금을 조금 넣어 맞추고 불을 꺼요.
매생이를 넣고 너무 오래 끓이지 않도록 하세요.

찬밥으로
영양 아침 달걀죽

찬밥 1공기, 물 3컵, 다시마(10× 10cm) 1장, 달걀 1개, 국간장 1/2 큰술, 참기름 조금, 깨·깨소금 조금씩, 송송 썬 쪽파 조금, 조미 김 적당량, 소금 조금

1 뚝배기나 냄비에 찬밥과 물, 다시마를 함께 넣고 중불에서 끓여요. 끓기 시작하면 다시마를 건져내고 중약불에서 밥알이 퍼질 때까지 끓여주세요.

2 달걀에 소금을 조금 넣고 풀어놓아요.

3 ①의 밥에 농도가 어느 정도 생기기 시작하면 달걀물을 원을 그리며 부어주고 잘 섞어요. 국간장과 소금을 조금 넣어 간을 맞춘 다음 깨소금과 송송 썬 쪽파, 잘게 부순 조미 김을 얹어요. 참기름과 깨를 뿌려 완성합니다.

후다닥 뚝딱! 닭죽

엄마가 되고 나니 죽 끓이는 날 1순위는 은찬이 아플 때가 되었어요. 신혼 초에는 죽을 만드는 것이 너무 번거롭게 느껴져 잘 하지 않았었는데 아이를 위해서는 저절로 손이 가네요. 죽은 위에도 부담이 없어 아침식사로도 정말 훌륭해요. 이러저러한 이유로 요즘은 죽을 자주 만들게 됩니다. 복잡하게 생각할 것 없이 있는 재료를 가지고 쉽게 만드는 것이 정답인 것 같아요. 아침상에 닭죽을 올린다면 웬 정성이냐고 하는 분도 있을 거예요. 제가 터득한 방법은 아주 간단해요. 닭 한 마리를 오래 고와 만들지 않아도 닭가슴살만 있으면 고소하고 영양가 높은 닭죽을 만들 수 있어요.

애호박 1/4개, 당근 1/6개, 양파 1/4개, 표고버섯 1개, 밥 1공기, 소금 조금, 참기름 조금

닭육수 닭가슴살 4쪽, 물 800㎖, 청주 50㎖, 마늘 4알, 대파 2대, 통후추 조금

★ 전날 밤 준비해요

- 닭가슴살은 넓적한 방향으로 1cm 두께가 되도록 저며요. 이렇게 단면이 넓어지면 물과의 접촉면이 커지기 때문에 짧은 시간에 육수가 더 잘 우러나요. 냄비에 찬물 800㎖를 붓고 닭가슴살, 마늘, 대파, 통후추를 넣고 끓여요. 육수가 끓어오르면 청주 50㎖를 넣어 고기의 잡냄새를 날려줍니다.
- 간장과 소금을 조금 넣어 간을 맞추고 중약불에서 20분 정도 끓인 다음 체에 걸러 육수만 받아놓아요. 닭가슴살의 일부는 잘게 찢어 고명으로 준비하세요.

1 애호박은 껍질째 돌려 깎아 잘게 다지고 당근, 대파, 양파, 표고버섯도 잘게 다져요.

2 만들어놓은 닭육수를 냄비에 붓고 밥을 넣은 다음 다진 채소들을 넣고 끓여요. 중약불에서 밥이 퍼질 때까지 끓여주세요.

3 밥이 푹 퍼지면 고명으로 찢어놓은 닭고기를 넣고 한소끔 더 끓여요. 소금과 참기름을 조금 넣어 간을 맞춘 다음 불을 끄세요.

누룽지야, 고마워!

잠결에 시계를 보고는 너무 놀라 후다닥 일어납니다.
"여보! 찬아! 일어나. 늦었어, 늦어~"
가끔 알람을 끄고 딱 5분만! 하다가 남편과 딸을 지각 위기에 빠뜨리곤 해요.
둘이 세수하고 옷 입는 사이 부엌으로 달려가 제일 간단하게 차릴 수 있는 아침 메뉴를 준비합니다.
이럴 때 누룽지는 그야말로 비상식량!
그래서 저는 진공포장 되어 있는 누룽지를 꼭 한두 봉지씩 사다놓는답니다.
급하게 먹다 입안을 델 수 있으니 큼직한 그릇에 떠서 휘휘 식혀놓아요.

누룽지 1컵, 물 3컵, 찬밥 1큰술

1 냄비에 찬물 3컵과 누룽지 1컵을 넣어요. 누룽지는 마트에서 판매하는 누룽지를 사용해도 좋고 미리 만들어 냉동실에 보관해둔 것을 사용해도 좋아요(누룽지 만들기는 아래 참고).

2 국자나 요리주걱으로 저으면서 끓여요. 찬밥 1큰술을 함께 넣고 끓이면 누룽지가 더욱 부드러워집니다.
끓이는 동안 누룽지를 저어주면 구수한 숭늉이 우러나요.

- 누룽지는 집에서 쉽게 만들 수 있어요. 찬밥을 프라이팬 위에 넓게 펴요. 밥을 펼 때 물을 묻힌 주걱으로 펴주어야 밥알이 달라붙지 않아요. 약한 불에서 천천히 가열하면 노릇노릇한 누룽지가 완성됩니다. 이때 물을 살짝 부어야 타지 않고 잘 익어요. 밥을 지은 냄비나 솥에 눌어붙은 누룽지를 긁어내 살살 펴서 말렸다가 사용해도 됩니다. 다 된 누룽지는 충분히 식힌 다음 한 번 먹을 분량씩 지퍼백에 넣어 냉동실에 보관하세요.

- 누룽지에는 장아찌나 젓갈이 잘 어울려요. 남편은 매실장아찌를, 은찬이는 시원한 동치미를 곁들여 먹어요.

부전여전! 은찬이도 좋아하는
콩나물국밥

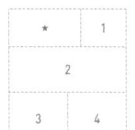

콩나물 200g, 물 3컵, 밥 2공기, 다진 파 1큰술, 다진 마늘 1작은술, 참기름 1/2작은술
국물 멸치다시마육수(p.10 참고) 4컵, 국간장 1/2큰술, 새우젓 2작은술, 참기름
1작은술, 고춧가루 조금
김치양념 김치 100g, 참기름 1작은술, 후춧가루 조금

★ **전날 밤 준비해요** 멸치육수는 전날 미리 끓여 진하게 우려내세요. 충분히 만들어 보관 용기에 담아 냉장고에 넣어두고 사용하면 편해요. 미리 만들 시간이 없다면 아침 준비할 때 콩나물을 삶는 동안 만들어도 충분합니다.

1 콩나물은 깨끗이 씻어 건지고 냄비에 콩나물과 소금을 조금 넣고 물 3컵을 부어 삶아요.

2 삶은 콩나물은 건져 넓게 펴서 한김 식히고 다진 파와 고춧가루, 다진 마늘, 참기름을 넣어 무쳐요.
아이가 먹을 콩나물국밥을 만들 때는 고춧가루를 빼고 무쳐요!

3 김치는 속을 털고 송송 썰어서 참기름과 후춧가루를 조금 넣고 조물조물 무쳐요.

4 뚝배기에 밥 2/3공기를 담고 무친 콩나물과 김치를 얹어요. 국간장으로 살짝 간을 한 진한 멸치육수를 넣어 어느 정도 끓으면 송송 썬 대파와 달걀을 넣고 새우젓으로 간을 해 마무리해요.

・콩나물국밥의 포인트는 진한 멸치육수와 새우젓이에요. 간을 할 때 꼭 새우젓으로 하는 것 잊지 마세요.

・밥은 한 공기를 다 넣지 않도록 해요. 국밥이 끓는 동안 밥이 조금 불어나요. 밥이 많이 불면 맛이 없어지니 너무 오래 끓이지 마세요.

남은 재료 활용한
콩나물쇠고기비빔밥

어제 저녁 콩나물무침을 만들고 남은 콩나물이 있다면 오늘 아침 메뉴로 이건 어때요? 다진 쇠고기와 함께 밥 위에 고명으로 얹어 가볍게 비벼 먹는 한 그릇 요리예요. 간단한 밑반찬과 된장국 하나만 곁들이면 아침식사로 든든해요.

다진 쇠고기100g, 볶음고추장('전날 밤 준비해요' 참고) 1큰술, 밥 1공기, 콩나물 200g

콩나물 양념 다진 대파·다진 마늘 1작은술씩, 참기름 조금, 소금 조금

고기 밑간 간장 1큰술, 설탕 1작은술, 참기름 1작은술, 다진 마늘 1작은술, 후춧가루 조금

★ **전날 밤 준비해요** 볶음고추장을 미리 만들어 냉장고에 넣어두세요. 재료는 다진 쇠고기 50g, 간장·설탕·맛술 1작은술씩, 고추장 1컵, 물 1/2컵, 설탕·꿀 1큰술씩, 참기름이 필요해요.
먼저, 다진 쇠고기에 간장과 설탕, 맛술을 넣고 조물조물 밑간한 다음 달군 팬에 넣고 볶아요. 물과 고추장, 설탕, 꿀을 넣고 중불에서 끓여 어느 정도 농도가 생기면 불을 끄고 한김 식혀 용기에 담아 냉장고에 보관하세요. 비빔밥이나 볶음요리 양념으로 맛있어요.

1 다진 쇠고기에 고기 밑간 재료를 넣고 조물조물 무쳐요.

2 콩나물은 소금을 조금 넣고 삶아 다진 파와 다진 마늘, 소금, 참기름을 넣고 무쳐요.

3 달군 팬에 밑간한 쇠고기를 넣고 중불에서 수분이 나오지 않도록 재빨리 볶아요. 그릇에 밥을 담고 콩나물무침과 다진 쇠고기볶음, 볶음고추장을 넣어 비벼 먹어요.

두부 1/4모, 멸치다시마육수(p.10 참고) 2컵, 된장 1큰술, 팽이버섯 조금

이른 아침 속 편한 두부된장국

1 냄비에 멸치다시마육수를 붓고 된장을 체에 걸러 넣어 끓여요.

2 두부는 먹기 좋은 크기로 깍둑썰기하고 팽이버섯은 2cm 길이로 썰어요. 끓는 된장국물에 두부와 팽이버섯을 넣고 한번 우르르 끓여 내세요.

아침 속에 부담 없는
렌틸콩가지카레

레드 렌틸콩 50g, 분말카레 50g, 고형카레 2조각(45g), 물 800ml, 양파 1개, 당근 1/2개, 가지 1개, 소금·후춧가루 조금씩, 올리브오일 조금

1 가지는 깍둑썰기해서 소금을 뿌려 놓아요.
나머지 재료를 준비하는 동안 가지에서 수분이 빠져 구웠을 때 식감이 좋아요.

2 레드 렌틸콩은 물에 씻은 뒤 끓는 물(콩의 3배)에 7~8분 동안 삶아 체에 밭쳐요.
레드 렌틸콩이 그린 렌틸콩보다 삶는 시간이 짧아요.

3 양파와 당근은 먹기 좋은 크기로 깍둑썰기하세요.

4 달군 냄비에 기름을 살짝 두르고 양파와 당근을 볶다가 물을 붓고 뭉근하게 끓여요.

5 물이 끓는 동안 소금에 절여두었던 가지를 종이타월 위에 올려 물기를 제거한 다음 올리브오일과 소금, 후춧가루로 버무려 달군 팬에서 노릇하게 구워냅니다.

6 ④의 채소가 익으면 분말카레와 고형카레를 넣고 불을 줄여 서서히 끓여요. 카레가 걸쭉하게 완성되어 가면 삶은 렌틸콩을 넣어요.

7 렌틸콩과 카레를 고루 섞은 다음 불에서 내려요. 밥 위에 부은 다음 구운 가지를 올려요.

| 1 | 2 | 3 | 4 |
| 5 | 6 | 7 | |

아이 눈높이에 맞게 카레라이스도 예쁘게 담아요. 아침을 즐겁게 시작하면 하루가 행복하겠지요? 카레라이스를 예쁘게 담아놓고 식탁으로 아이를 불러보세요. 아이의 오늘 하루가 반짝반짝 빛날 거예요.

- 분말카레와 고형카레를 함께 사용하면 짧은 시간에도 깊은 맛이 나는 카레를 만들 수 있어요.
- 렌틸콩은 그린 렌틸, 브라운 렌틸, 레드 렌틸 등 다양한 종류가 있어요. 그 중 레드 렌틸의 삶는 시간이 가장 짧기 때문에 이른 아침 간편하게 요리할 때 사용하기 좋아요.

엄마의 다이어트 메뉴,
렌틸콩볶음

레드 렌틸콩 50g, 아스파라거스 2대, 양파 1/2개, 마늘 3개, 물 2컵, 소금·후춧가루 조금씩, 올리브오일 조금

1 마늘은 저며 썰고 양파는 사방 1cm 크기로 썰어요. 아스파라거스는 어슷하게 썰어요.

2 레드 렌틸콩은 끓는 물(콩의 3배)에 소금을 조금 넣고 7~8분 정도 삶아 체에 밭쳐요.

3 달군 팬에 올리브오일을 두르고 마늘을 볶다가 양파와 아스파라거스를 넣고 소금과 후춧가루를 살짝 뿌려 볶아요.

4 ③에 삶은 레드 렌틸콩을 넣고 올리브오일을 두른 다음 버무리듯 볶아냅니다.

렌틸콩을 다양한 요리에 활용하세요. 렌틸콩은 구운 소시지와 잘 어울리고 삶은 렌틸콩을 샐러드에 뿌려 먹기도 해요. 육수에 넣고 수프로 끓여도 맛있습니다.

한 그릇으로 해결!
간장마파두부밥

밥 2공기, 두부 1/2모, 다진 돼지고기 1/2컵, 양파 1/개, 피망 1/2개, 다진 대파 1큰술
고기 밑간 청주 1큰술, 다진 마늘 1/2작은술, 소금·후춧가루 조금씩
간장소스 다시마국물 1컵, 간장 2큰술, 맛술 1작은술, 다진 마늘 1/2작은술, 후춧가루 조금
녹말물 녹말가루 1큰술, 물 1큰술

★ **전날 밤 준비해요** 뚜껑이 있는 용기에 물 1컵, 다시마(5×5cm) 1장을 넣고 냉장고에 넣어두세요.

1 두부는 먹기 좋은 크기로 깍둑썰기해서 끓는 물에 살짝 데쳐요.

2 간장소스 재료를 미리 섞어두세요.

3 대파는 굵게 다지고 양파와 피망은 사방 0.5cm 크기로 썰어요.

4 다진 돼지고기는 청주와 다진 마늘, 소금, 후춧가루로 밑간을 합니다.

5 달군 팬에 기름을 두르고 굵게 다진 파를 볶다가 향이 나기 시작하면 밑간한 돼지고기를 넣어 볶아요.

6 ⑤에 양파와 피망을 넣고 소금을 살짝 뿌려 볶아요.

7 고기가 다 익고 양파가 투명해지면 간장소스를 부어 중불로 끓이다가 데쳐놓은 두부를 넣어주세요.

8 녹말가루와 물을 1:1 비율로 섞은 녹말물을 ⑦에 둘러 부어 빠르게 섞어서 덮밥소스를 완성해요. 그릇에 밥을 담고 덮밥소스를 내면 됩니다.

5분만에! 쇠고기덮밥

밥 2공기, 쇠고기(불고기감 또는 샤브샤브용) 150g, 양파 1/2개, 대파 1/2대, 표고버섯 1개, 새송이버섯 1/2개, 청주 조금, 후춧가루 조금
덮밥 국물 물 또는 멸치다시마육수 (p.10 참고) 1컵, 간장 2큰술, 참치액젓 1큰술, 맛술 1큰술, 설탕 1/2 큰술

1 쇠고기는 종이타월 위에 올려 핏물을 닦고 3cm 간격으로 썰어요. 청주와 후춧가루로 버무려 밑간을 합니다.

2 양파는 채 썰고, 대파는 어슷하게 썰어요. 표고버섯은 기둥을 잘라내고 모양을 살려 얇게 슬라이스합니다. 새송이버섯은 밑동을 자르고 5cm 길이로 얇게 썰어요.

3 팬에 국물 재료를 넣고 끓여 국물이 끓어오르면 양파와 대파를 넣어요.

4 양파가 투명해지면 표고버섯과 새송이버섯을 넣어요.

5 불을 세게 조절한 뒤 쇠고기를 넣어 빠르게 익힌 다음 바로 불을 끄세요.

6 고명으로 채 썬 홍고추와 대파를 얹어도 좋아요.

후다닥 만드는 쇠고기덮밥에는 빨리 익을 수 있도록 얇은 불고기감을 사용하는 것이 좋아요. 샤브샤브용 고기는 좀 더 얇아요. 다시마육수을 넣으면 감칠맛을 더할 수 있으니 전날 밤 육수를 만들어두세요.

돌솥에 따끈하게 준비한
김치알밥

밥 1공기, 날치알 4큰술, 김치 1/2컵, 다진 단무지 2큰술, 오이 1/4개, 깻잎 2장, 송송 썬 쪽파 또는 부추 1/2줌, 무순 조금, 구운 김 조금, 통깨·참기름 조금씩
김치 양념 참기름 1/2큰술, 설탕 1작은술

1 오이와 깻잎은 깨끗하게 씻어 채 썰고 단무지는 잘게 다져요.

2 김치는 속을 털어내고 송송 썰어 설탕과 참기름을 넣고 조물조물 무쳐요.

3 날치알은 체에 받쳐 흐르는 물에 가볍게 씻어요.

4 돌솥 안쪽에 솔로 참기름을 얇게 발라요.

5 참기름을 바른 돌솥에 밥을 넣고 고루 펴주세요. 그 위에 ②의 김치를 넓게 깔아요.

6 채 썬 오이와 깻잎, 다진 단무지, 쪽파(또는 부추), 날치알을 올리고 약한 불에 올립니다. 탁탁 소리를 내며 돌솥이 충분히 뜨겁게 달궈지면 불에서 내려 구운 김과 무순을 올려요. 참기름을 둘러 맛있게 비벼 먹어요.

엄마가 감기에 걸린 날,
아빠의 버섯 힐링 탕

쇠고기(양지 또는 사태) 800g, 대파 1대, 양파 1개, 마늘 7~8쪽, 물 2ℓ, 팽이버섯 1줌, 표고버섯 2개, 새송이버섯 1/2개, 목이버섯 1/2줌

★ 전날 밤 준비해요

- 국거리용 고기는 찬물에 1시간 정도 담가 핏물을 빼요.

- 냄비에 고기와 대파, 양파, 마늘을 넣고 찬물을 부어 끓여요. 한번 끓어오르면 불을 약하게 줄여 고기가 부드러워질 때까지 푹 끓이세요.

- 끓이면서 떠오르는 거품은 최대한 걷어내고 국물을 면보자기에 걸러 차갑게 식힌 뒤 밀폐용기에 담아 냉장고에 보관하세요. 국물을 사용할 때 위에 떠 있는 기름은 걷어내세요.

1 당면과 목이버섯은 다른 재료를 손질하는 동안 미리 찬물에 담가 불려요.

2 불린 목이버섯은 먹기 좋게 썰고 표고버섯은 젖은 행주로 겉을 닦은 뒤 밑동을 잘라내고 0.3cm 두께로 썰어요. 새송이버섯도 같은 크기로 썰고 팽이버섯은 밑동을 잘라냅니다.

3 전날 미리 준비한 쇠고기육수를 냄비에 붓고 불린 당면을 맨 아래 깔고 그 위에 버섯을 종류대로 돌려 담아요. 불에 올려 육수가 끓기 시작하면 약한 불로 줄여 따뜻하게 데워가며 먹어요. 입맛에 따라 소금을 조금 넣어도 좋아요.

식탁 위에 올릴 수 있는 가열 기구를 준비해 계속 가열하며 먹으면 좋아요.

::
으슬으슬~ 목이 칼칼하고 아프더니 결국 열이 났네요.
기운이 없어 저녁밥도 제대로 챙겨주지 못하고 잠이 들었어요.
아직 해도 뜨지 않은 아침, 구수한 냄새에 눈을 떠보니 은찬 아범이
주방에서 아침 준비를 하고 있는 게 아니겠어요?
무언가를 냄비에 가지런히 올리고 있는 서툰 손놀림!
'어머머! 이게 무슨 일이람!'
눈을 비벼봤지만 남편이 맞네요.
아침부터 뭐하냐고 무심하게 내뱉었지만 흐뭇했지요!
얼마 전 모 TV프로그램에서 봤던 맛집 음식을 흉내내본 거라며 냄비
째로 아침상을 차려줍니다.
그 이름 하여 '버섯 힐링 탕'.
버섯의 깊은 맛이 뜨끈한 국물에 어우러져 한 숟가락 떴더니 몸이
사르르 녹는 듯 했어요.
말 그대로 힐링! 힐링!
오늘만큼은 두둑한 보너스를 받은 날보다 더 행복합니다.
어쩌다 한 번쯤은 아플 만하네요.

따뜻한 두부와
부추양념장

두부 1모, 다시마(5×5cm) 2장, 소금 조금

부추양념장 영양부추 10g, 간장 4큰술, 맛술 2큰술, 물 2큰술, 다진 마늘 1/2작은술, 참기름 1큰술, 통깨 1작은술, 붉은 고추 1/3개

1 먼저 다시마를 찬물에 담가둡니다. 이때 물에 소금을 조금 넣어요.
전날 밤 다시마를 물에 담가 냉장고에 넣어두어도 좋아요.

2 ①의 냄비에 먹기 좋게 썬 두부를 넣은 다음 뚜껑을 덮고 중불에 올려요. 물이 뜨거워지면 약불로 줄여 두부가 따뜻하게 유지되도록 올려두세요.
다시마물에 소금을 조금 넣었기 때문에 두부가 쉽게 부서지지 않고 잘 익을 수 있어요.

3 영양부추는 송송 썰고 붉은 고추는 잘게 다져 간장과 맛술, 물, 다진 마늘, 참기름, 통깨와 함께 섞어 부추양념장을 만들어요.

4 밥에 따뜻한 국물과 두부를 올리고 양념장을 올려 냅니다.

온 가족 입맛을 두루 공략!
채소된장덮밥

서촌 나들이를 갔다가 발견한 메뉴예요.
정말 맛있게 먹었던 터라 '집에 가서 꼭 만들어 봐야지……' 했어요.
다행히 우리집 남자와 딸아이도 좋아하네요. 요즘은 단골 아침메뉴가 되었답니다.

애호박 1/3개, 가지 1/3개, 새송이 버섯 1/2개, 양파 1/4개, 마늘 4톨, 숙주 1줌, 소금·후춧가루 조금씩
된장소스 된장(저염분) 1큰술, 올리고당 1큰술, 매실청 1큰술, 맛술 1큰술, 다진 대파 1큰술, 다진 마늘 1작은술, 참기름 1큰술

1 된장은 저염분 된장으로 준비해요. 볼에 된장소스 재료를 모두 넣고 섞어두세요.

2 애호박과 버섯, 가지는 먹기 좋은 크기로 썰고, 양파는 채 썰어 준비합니다. 마늘은 슬라이스해주세요.

3 약한 불에서 달군 팬에 기름을 두르고 마늘을 볶다가 향이 나면 양파를 넣고 소금을 살짝 뿌려 함께 볶아요. 중불로 키운 다음 호박과 버섯, 가지를 넣고 소금과 후춧가루를 살짝 뿌려 볶다가 마지막에 숙주를 넣고 함께 볶아요.
숙주는 숨이 금세 죽기 때문에 마지막에 넣고 재빨리 볶도록 하세요.

4 밥 위에 구운 채소들을 올리고 된장소스를 올려요. 된장소스와 함께 고루 비벼 먹어요.

| 1 | 2 |
| 3 | 4 |

입맛 없고 지칠 때
시원하게~ 김치묵밥

한여름에 주로 해먹던 요리인데 요즘은 겨울에도 입맛 없는 날이면 주문이 들어오곤 하는 인기 메뉴랍니다. 도토리 묵무침을 만들어 먹은 다음 날이면 더더욱 꼭 해먹는 음식이에요. 처음에는 딸도 남편도 시큰둥했던 메뉴였어요. 그런데 어느 날부터인가 '엄마 그거 있잖아~'하면서 묵밥을 찾더라고요. 특히 남편은 김치를 넣고 개운하게 만들어주는 걸 좋아해요. 냉장고에 차갑게 식혀둔 멸치육수만 있으면 아침에 일어나 눈 깜짝할 사이에 만들 수 있어요.

찬밥 1공기, 도토리묵 1/2모, 구운 김 1/2장, 멸치다시마육수(p.10 참고) 400㎖, 김치 국물 4큰술, 국간장 1/2큰술, 소금 조금, 통깨 조금 김치 양념 배추김치 100g, 참기름 1작은술, 설탕 조금

★ **전날 밤 준비해요** 멸치다시마육수는 전날 미리 만들어 냉장고에 넣어두세요.

1 도토리묵은 굵게 채 썰고 찬밥은 물에 살짝 헹궈 건져놓아요. 구운 김은 비닐에 넣고 주물러 부수거나 가늘게 채 썰어요.

2 멸치다시마육수에 김치 국물을 넣어 섞고 국간장과 소금을 조금 넣어 간을 맞춰요.

3 김치는 소를 털고 송송 썰어 설탕과 참기름으로 무쳐주세요.

4 그릇에 밥을 담고 묵을 얹은 다음 차가운 육수를 부어요. ③의 김치와 구운 김을 올리고 통깨를 뿌려 완성합니다.

묵밥은 따뜻하게 먹기도 해요. 으슬으슬 추운 날 따끈한 묵밥이 생각나면 멸치육수를 뜨겁게 끓여 한 김 식힌 뒤 밥 위에 부어 먹으면 됩니다.

장염 걸린 딸을 위한
쇠고기채소죽

밥 1공기, 다진 쇠고기 70g, 표고버섯 1개, 당근 1/4개, 애호박 1/3개, 국간장 1작은술, 다시마육수 3컵, 소금 조금, 통깨 조금

쇠고기 양념 국간장 1/2큰술, 다진 파 1작은술, 다진 마늘 1/2작은술, 참기름 1/2작은술, 후춧가루 조금

★ **전날 밤 준비해요** 볼에 물 600㎖와 다시마(10×10cm) 1장을 넣고 그대로 랩을 씌워 냉장고에 넣어두었다가 아침에 사용하세요.

1 쇠고기는 고기 양념에 버무려 재워놓아요.

2 표고버섯은 기둥을 제거하고 잘게 다지고 애호박은 깨끗이 씻어 껍질과 살을 함께 돌려깎기한 뒤 당근과 함께 다져 준비해요.

3 달군 팬에 참기름을 두르고 쇠고기와 버섯을 볶아요.

4 쇠고기가 익으면 미리 우려낸 다시마국물과 당근, 애호박을 넣고 끓여요.

5 밥을 넣고 저으면서 밥알이 완전히 퍼지도록 중약불에서 뭉근하게 끓여요.

::
아이가 아프면 엄마들은 이만저만 속상한 게 아니에요.
어린이집이나 유치원, 학교에 다니면서부터는 감기며, 장염 등이 한 번씩 휩쓸고 지나가 꼬마들이 우르르 아프곤 합니다. 다행히 그냥 지나갈 때도 있고 아이 컨디션이 안 좋을 때는 어김없이 앓고 지나가지요.
한번은 은찬이가 장염에 걸려 며칠 기운도 못 차리고 고생을 했어요. 보리차랑 흰죽만 먹고는 기력을 회복할 수 없을 것 같아 쇠고기채소죽을 만들어 먹였어요. 깔깔한 입에 오히려 흰죽보다 맛있다며 제법 잘 먹고는 금세 기운을 차렸습니다. 그 다음부터는 감기에 걸려 며칠 고생한 다음이나 배탈이 났을 때 이 죽을 끓여요. 쌀을 불려 만들어도 좋지만 찬밥을 이용하면 아침에 갑자기 만들어야 할 때에도 쉽게 끓여 먹일 수 있어요.
아이가 아플 때 죽집으로 달려가기보다는 간단하게라도 있는 재료 넣고 정성껏 끓여주는 엄마가 되어보아요, 우리!
찬아, 엄마가 만든 죽 먹고 힘내자~!

따끈하게, 속도 편하게,
맑은 순두부국

국멸치 1줌, 다시마(5×5cm) 2장, 순두부 1봉, 찬물 600ml, 어슷 썬 대파 조금

양념장 양조간장 1큰술, 국간장 2큰술, 고춧가루 1/2큰술, 다진 마늘 1/2큰술, 다진 파 1큰술, 참기름 조금

1 국멸치는 마른 팬에 살짝 볶아 다시마와 함께 냄비에 담고 찬물을 부어 불에 올려요.

2 끓기 시작하면 다시마를 건져내고 중약불로 줄여 10분 정도 그대로 끓입니다.

3 육수를 만드는 동안 양념장 재료를 모두 섞어두세요.

4 면보를 씌운 체에 ②의 육수를 부어 거품과 멸치를 걸러냅니다. 맑은 국물만 남게 되면 여기에 순두부 1봉지와 어슷 썬 대파를 넣고 센불에서 2~3분 정도 끓이고 불을 끄세요.

양념장을 곁들여 먹으면 맛있어요. 아이가 먹을 때는 고춧가루 양을 줄이거나 빼도 됩니다.

후다닥 떡국 VS. 굴떡국

떡국의 두 가지 버전을 소개할게요. 아침이나 배가 많이 고프지 않은 점심에 즐겨 찾게 되는 간단버전 떡국과 굴을 넣고 시원하게 끓인 굴떡국이에요. 은찬이네 집에서는 굴이 제철인 계절에 자주 먹는 메뉴예요.

떡국용 쌀떡 200g, 쇠고기(국거리) 70g, 조미김 1장, 달걀 1개, 물 700 ml, 국간장 1큰술, 소금·후춧가루 조금씩, 참기름 조금

후다닥 떡국

1 떡을 물에 담가두세요. 고기를 볶고 국물을 만드는 동안만 담가두면 됩니다.
말랑한 떡이나 냉동실에 두었던 떡은 바로 사용하고 냉장실에서 딱딱해진 떡은 찬 물에 잠시 담갔다 사용해요.

2 국거리용 쇠고기는 소금과 후춧가루로 밑간해서 준비해요.

3 냄비에 참기름을 두르고 고기를 재빨리 볶아요.

4 ③에 물을 붓고 고기가 익도록 10분 정도 끓여요. 고기가 다 익으면 떡을 넣고 떡이 모두 떠오를 때까지 중약불에서 끓여요.

5 떡이 충분히 익으면 국간장과 소금을 조금 넣어 간을 맞추고 그릇에 담아요.

6 비닐봉지에 조미김을 넣고 부숴 떡국 위에 달걀지단과 함께 올려 내세요.

굴 200g, 떡국용 쌀떡 250g, 물 1ℓ, 국멸치 1줌, 국간장 1½큰술, 다시마(10×10cm) 2장, 달걀 1개, 다진 마늘 1/2큰술, 송송 썬 대파 조금, 소금 조금

굴떡국

1 굴은 연한 소금물에서 숟가락을 이용해 살살 돌려가며 씻고 흐르는 물에 가볍게 헹궈냅니다.

2 찬물에 다시마와 멸치를 넣고 그대로 불에 올려 끓여요. 끓기 시작하면 다시마는 건져내고 중약불로 불을 줄여 15분 정도 더 끓여서 멸치육수를 만들어요.
신선한 멸치는 바로 찬물에 넣어 사용해도 되지만 냉동실에 두었던 것은 머리와 내장을 제거하고 마른 팬에 볶아 사용해야 비리지 않아요!

3 냄비에 참기름을 두르고 굴을 넣어 달달 볶아요. 기름이 보글보글 올라오고 국물이 생기면 굴을 건져냅니다.
이렇게 굴을 참기름에 볶아서 넣으면 비린내도 나지 않고 굴 살이 퍼지지 않고 단단해 씹는 맛이 좋아요.

4 굴을 볶았던 냄비에 멸치육수를 체에 걸러 붓고 끓여요.

5 떡을 넣고 중약불에서 끓여요.
말랑한 떡이나 냉동실에 두었던 떡은 바로 사용하고 냉장실에서 딱딱해진 떡은 찬물에 잠시 담갔다 사용해요.

6 떡이 거의 다 익으면 국간장을 넣고 미리 참기름에 볶은 굴과 다진 마늘을 넣어줍니다.

7 소금으로 모자란 간을 맞추고 달걀을 풀어 원을 그리며 부어주세요. 송송 썬 파를 넣고 불을 끕니다.

1	2	3	4
5	6	7	

알록달록 하와이안무수비와
초스피드 만두국

김밥이나 오니기리와는 다른 모양의 무수비예요. 알록달록 색이 정말 예쁘지요? 보기 좋은 요리가 맛도 좋다는 진리를 몸소 보여주는 한입 음식입니다. 스팸(또는 리챔)과 통을 이용하면 누구나 쉽게 만들 수 있어요. 무수비만 먹기엔 좀 빡빡할 수 있으니 만두국을 곁들여보세요.

달걀 2개, 통조림햄 1개, 깻잎 3장, 밥 2공기, 후리가케 1큰술, 구운 김 (김밥용) 2장, 참기름 조금, 소금 조금
햄 양념 간장 2큰술, 맛술 1큰술, 물 3큰술, 올리고당 1큰술

하와이안무수비

1 햄은 0.5cm 두께로 썰어 팬에 올려 앞뒤로 굽고 양념을 발라가며 살짝 조려요.

2 달걀은 소금을 조금 넣어 풀어요. 약한 불로 달군 팬에 기름을 살짝 두르고 종이타월로 가볍게 닦아낸 뒤 달걀물을 얇게 부어요. 반숙으로 익었을 때 반으로 접고 햄과 같은 두께의 도톰한 지단을 만들어요.

3 깻잎은 흐르는 물에 씻어 종이타월 위에 올려 물기를 제거하고, 밥은 후리가케 1큰술과 소금, 참기름을 넣고 고루 섞어요.

4 햄이 담겨 있던 빈 통에 랩을 씌우고 밥→지단→깻잎→햄→밥 순서로 채워요.

5 랩으로 덮어 살살 눌러가며 모양을 단단하게 잡아요.
무수비는 이 모양이 아주 중요해요!

6 전체를 충분히 감쌀 만한 크기로 김을 잘라 ⑤의 겉을 감싸줍니다.

7 ⑥에 붓으로 참기름을 얇게 펴 바르고 속재료가 세로로 보이도록 도마 위에 올려 먹기 좋게 썰어요.

다시마(10×10cm) 2장, 물 700㎖,
물만두 10개~12개, 달걀 1개, 소금
조금, 송송 썬 대파 조금

별도의 간이 필요 없는 간단 만두국

1 냄비에 찬물과 다시마를 넣어 불에 올리고 끓이다가 물이 끓기 직전에 불을 끄고 뚜껑을 닫은 채로 5분간 둡니다.

2 5분 후 불을 다시 켜고 다시마는 건져내요. 물이 끓으면 물만두를 넣고 만두가 익을 때까지 중불에서 끓여요.

3 달걀은 따로 소금을 살짝 넣고 풀어요. ②를 약한 불로 줄이고 달걀물을 한 바퀴 돌려 넣은 다음 젓가락으로 두어 바퀴 돌리고 불을 끕니다. 송송 썬 대파를 넣고 남은 잔열로 달걀을 마저 익혀요. 그릇에 담고 취향에 따라 간장을 따로 곁들이세요.

냉장고에
든든한 밑반찬
쟁여두기

아침에 무조건 한 그릇 요리만 만들 수는 없어요. 어떤 날은 남은 밥 끓여 누룽지에 입맛 도는 밑반찬 하나 내야 할 때도 있고, 구운 김이며 콩자반, 장조림 같은 반찬을 아이가 갑자기 찾을 때도 있어요. 이럴 때를 대비해 냉장고 속에 밑반찬 3~4가지쯤 준비해두면 좋겠지요? 기분 따라 손 가는대로 만들어보세요.

엄마의 아몬드멸치볶음

잔멸치 1 1/2컵, 아몬드슬라이스 2큰술, 통깨 1작은술, 다진 마늘 1작은술, 포도씨유 2큰술
양념장 설탕 1/2큰술, 간장 1작은술, 맛술 2큰술, 물엿 1큰술

1 불에 올려 달군 마른 팬에 멸치를 볶아 비린내를 날려요.
2 볶은 멸치는 체에 밭쳐 털어서 부스러기와 불순물을 제거합니다.
3 볼에 양념장 재료를 모두 넣고 섞어두세요.
4 팬에 포도씨유 2큰술을 두르고 약한 불에서 다진 마늘을 볶아요. 마늘 향이 올라오면 양념장을 넣고 센불로 끓이세요.
5 양념이 끓기 시작하면 바로 불을 약하게 줄이고 ②의 멸치와 슬라이스한 아몬드를 넣어 재빨리 섞어요. 불을 끄고 통깨를 뿌린 다음 고루 섞어 마무리합니다.

- 물엿은 마지막에 불을 끄고 넣어야 굳지 않아요.
- 넓게 펴서 중간에 한 번씩 섞어주며 식히면 딱딱하게 뭉치지 않아요.

아빠의 매콤 멸치볶음

잔멸치 1½컵, 통깨 1작은술, 물엿 1큰술
양념장 고춧가루 1큰술, 고추장 1큰술, 간장 1작은술, 설탕 1작은술, 물 2큰술, 참기름 1큰술

1 마른 팬을 달구고 멸치를 넣어 볶아 비린내를 제거해요.
2 볶은 멸치는 체에 밭쳐 부스러기와 불순물을 털어내요.
3 양념을 모두 한데 섞어두고, 달군 팬에 기름을 두르고 ②를 넣어 살짝 볶아요.
4 멸치를 한쪽으로 밀어놓고 ③의 양념장을 부어 팬 한쪽에서 끓여요.
5 양념이 끓기 시작하면 불을 약하게 줄이고 멸치를 재빨리 섞어요. 불을 끄고 물엿 1큰술과 통깨 1작은술을 넣은 다음 한 김 식히고 그릇에 담아내요.

• 고추장양념이 타지 않도록 불 조절에 신경 쓰세요.

딸에겐 달달한 멸치과자

잔멸치 1½컵, 비정제설탕 1큰술, 포도씨유 적당량
양념장 물 1큰술, 맛술 1큰술, 비정제설탕 1큰술

1 마른 팬을 달구고 멸치를 넣어 볶아 비린내를 제거해요.
2 볶은 멸치는 체에 밭쳐 부스러기와 불순물을 털어내요.
3 달군 팬에 포도씨유를 넉넉히 두르고, ②의 멸치를 볶은 뒤 체에 담아 기름을 빼요.
4 팬을 닦아낸 뒤 양념장 재료를 넣어 약불로 줄인 다음 큰 기포가 잦아들 때까지 기다려 양념장을 만들어요.
5 기포가 잦아들면 ③을 넣어 빠르게 섞고 넓게 펴서 비정제설탕을 솔솔 뿌린 뒤 한 김 식혀요.

• 설탕은 미네랄이 들어있는 비정제설탕을 사용하도록 해요.
• 시럽이 타지 않도록 주의하고 큰 기포가 충분히 잦아들 때 멸치를 섞어주세요.

미역줄기볶음

미역줄기 250g, 양파 1/2개, 맛술 1큰술, 다진 마늘 1/2큰술, 간장 1큰술, 참기름 조금, 통깨 조금, 소금·후춧가루 조금씩

1 염장된 미역줄기는 물에 여러 번 헹구고 찬물에 20분 정도 담가 소금기를 빼요.
2 끓는 물에 살짝 데쳐 찬물로 헹군 다음 물기를 짜서 먹기 좋은 크기로 썰어요. 양파는 가늘게 채 썰어요.
3 오목한 팬에 기름을 넉넉히 두르고 미역줄기를 넣어 볶아요. 색이 말갛게 변하면 양파를 넣고 함께 볶다가 맛술과 다진 마늘, 간장을 넣고 볶아요. 부족한 간은 소금으로 맞추고 참기름과 통깨, 후춧가루를 넣어 완성해요.

콩자반

서리태 1컵, 호두 1/3컵, 콩 불린 물 1½컵, 통깨 조금
조림장 간장 4큰술, 설탕 3큰술, 물엿 1큰술

★ **전날 밤 준비해요** 서리태를 깨끗이 씻어 전날 밤 넉넉한 양의 물에 담가 불려놓아요.

1 6~7시간 불려놓은 서리태와 서리태를 불린 물 1½컵을 넣어 조림장을 넣고 함께 끓여요. 취향에 따라 호두를 넣고 국물이 자작해질 때까지 조려요.
2 통깨를 넣어 고루 섞고 불을 꺼서 완성해요.

봄의 향기, 건취나물볶음

건취나물 50g, 들기름 2큰술, 통깨 조금, 물 4큰술
양념 국간장 2큰술, 다진 파 1큰술, 다진 마늘 1/2큰술, 깨소금 조금

★ **전날 밤 준비해요** 말린 취나물은 씻어서 미지근한 물에 하룻밤 충분히 불려놓아요.

1 불려놓은 말린 취나물은 20분 정도 삶아 여러 번 헹궈 물기를 짠 뒤 양념재료 모두 넣고 조물조물 무쳐요.
2 팬에 들기름을 두르고 양념한 취나물을 볶다가 물을 붓고 자작하게 조리듯이 볶아요.
3 통깨를 뿌려 완성해요.

말린 나물은 먼지가 끼지 않도록 비닐봉지나 지퍼백에 담아 바람이 잘 통하는 곳에 보관하세요. 습기가 많으면 곰팡이가 피기 쉽거든요. 그때그때 나물을 불리는 것보다 한꺼번에 나물을 불리고 삶아서 한 번 먹을 양씩 지퍼백에 펼쳐 담아 냉동보관하면 좋아요. 나물을 불릴 때는 물기를 너무 꼭 짜면 볶은 다음 질겨지므로 어느 정도 물기를 남겨두고 보관하세요.

여름엔 가지볶음

가지 2개, 소금 1큰술, 물 2컵, 양파 1/2개, 실파 3뿌리, 포도씨유 적당량
양념 간장 2큰술, 다진 마늘 2작은술, 깨소금 1작은술, 설탕 조금, 참기름 조금, 소금·후춧가루 조금씩

1 가지는 반달모양으로 썰고 양파는 굵게 채 썰어요. 실파는 송송 썰어서 준비해요.
2 물 2컵에 소금 1큰술을 넣어 소금물을 만들고 가지를 10분 정도 담가 아린맛을 뺀 후 체에 밭쳐 물기를 제거해요.
3 팬에 기름을 두르고 양파와 가지를 볶다가 간장과 다진 마늘, 설탕을 섞은 양념을 넣고 부족한 간은 소금으로 맞춰요. 참기름과 깨소금, 후춧가루, 실파를 넣어 완성해요.

오이나물

오이 1개, 참기름 1큰술, 국간장 1/2큰술, 다진 파 1큰술, 다진 마늘 1작은술, 소금 조금, 통깨 조금

1 오이는 굵은 소금으로 문질러 씻어 물에 헹군 다음 얇고 동그랗게 썰어요.
2 ①에 소금을 뿌려 10분 정도 절여요. 물기가 배어나오면 면보로 감싸 물기를 짜내요.
3 달군 팬에 참기름을 두르고 ②를 빠르게 볶아 넓은 접시에 펼쳐 식혀요.
4 식힌 오이에 다진 파와 다진 마늘, 국간장, 참기름, 통깨를 넣고 조물조물 버무려요.

- 오이는 센 불에서 빨리 볶고 바로 식혀야 파란 색과 아삭아삭한 맛을 살릴 수 있어요.
- 오이볶음은 특히 소고기와 어울리는데, 다진 소고기에 간장과 다진 마늘, 참기름, 후춧가루를 조금 넣고 오이와 볶아도 맛있어요. 여기에 고추장을 추가하면 오이나물 비빔밥이 완성!

초간단 새송이버섯볶음

새송이버섯 1개, 소금 조금, 후춧가루 조금, 올리브오일 적당량

1 새송이버섯은 겉면의 지저분한 부분만 면보로 털어내고 도톰하게 썰어요.
2 볼에 담아 소금과 후춧가루 조금씩, 올리브오일을 한 바퀴 정도 둘러 고루 섞어요.
3 팬에 올리브오일을 조금씩 넣어주면서 ②를 볶아요.

버섯은 기름을 굉장히 빠르게 흡수해요. 볶을 때는 기름을 한꺼번에 많이 넣지 말고 볶으면서 조금씩 나눠 넣는 것이 좋아요.

우엉조림

우엉 150g, 식초 1작은술, 포도씨유 1큰술
양념장 간장 3큰술, 설탕 1큰술, 물엿 2큰술, 물 1/2컵

1 우엉은 깨끗하게 문질러 씻어요. 껍질은 가볍게 칼등으로 지저분한 부분을 긁는 정도로 해주세요. 씻은 우엉을 가늘게 채 썰어요.
2 끓는 물에 식초 1작은술을 넣고 우엉을 데쳐요. 우엉을 미리 끓는 물에 데치면 아이들이 먹기에 부드러운 우엉조림을 만들 수 있어요.
3 달군 팬에 기름을 두르고 데친 우엉을 볶아요.
4 양념장 재료를 섞어 ③에 넣고 약불로 줄여 졸여요.
5 양념장이 자작하게 졸아들면 통깨를 넣고 섞어요.

- 우엉껍질에 맛과 영양이 함유되어 있으니 너무 깨끗이 벗기지 않도록 해요. 써는 동안 색이 변할 수 있으니 찬물에 담가두세요.
- 우엉조림은 다양한 모양으로 짧게, 길게 채 썰거나 타원형으로 얇게 슬라이스 해도 좋아요. 채 썰어 조리면 김밥에도 넣기 편하기 때문에 저는 주로 길게 채 썰어 만드는 편이에요.

1	2	
3	4	5

남편의 밥도둑, 두부조림

두부 1모, 소금 1/3큰술, 대파 1/2대, 양파 1/2개, 다시마물 1컵
양념장 고춧가루 1큰술, 간장 4큰술, 다진 파 1큰술, 다진 마늘 1/2큰술, 참기름 1/2큰술, 통깨 1/2큰술

★ **전날 밤 준비해요** 다시마는 겉면을 젖은 면보로 닦아내고 찬물 한 컵에 담아 랩으로 씌워 냉장고에 넣어 다시마물을 만들어요.

1 두부는 도톰하게 썰어 소금을 뿌려 절여요. 물이 배어나오면 종이타월을 이용해 물기를 닦아요. 이렇게 해야 두부에 간도 잘 배고 잘 부서지지 않아요.

2 대파는 어슷썰고, 양파는 채 썰어 준비해요.

3 양념장 재료를 모두 섞어 준비해요.

4 넓은 웍이나 냄비에 두부를 깔고 그 위에 양파를 얹어요.

5 ④에 ③의 양념장을 올려요.

6 다시마물(없으면 그냥 물)을 가장자리에 부어준 뒤 중약불에서 끓여요. 숟가락으로 국물을 떠 얹어가면서 자연스럽게 양념장이 옆으로 흘러가도록 하며 조린 다음 대파를 올려요.

1	2	3
4	5	6

효자 반찬 장조림으로 만든
장조림볶음쌀국수

국민반찬이라 할 만한 쇠고기장조림! 이것만 있으면 정말 간단하고 맛까지 훌륭한 초스피드볶음쌀국수를 만들 수 있어요. 쇠고기육수와 간장양념으로 만든 장조림국물은 바쁜 아침 시간을 절약해주는 최고의 양념입니다.

쇠고기장조림 40g, 장조림국물 4~5큰술, 쌀국수(우리쌀 100%) 100g, 양파 1/2개, 파프리카 1/4개, 당근 1/5개, 포도씨유 적당량, 후춧가루 조금

1 냉장고에서 쇠고기장조림(평소 만들어둔 것을) 꺼내 잘게 찢어요.

2 미리 30분 정도 불려두었던 쌀국수를 끓는 물에 넣고 4분 정도 삶아 찬물로 헹군 다음 체에 밭쳐 물기를 뺍니다.
쌀국수의 종류에 따라 삶는 시간이 다르니 제품의 뒷면 조리법을 확인하세요.

3 양파와 당근, 파프리카는 채 썰어요. 달군 팬에 기름을 두르고 양파를 넣어 볶다가 양파가 투명해지면 당근과 파프리카를 넣어 함께 볶아요.

4 고명용 장조림을 조금 남기고 ①의 장조림을 넣어 함께 볶아요.

5 쌀국수와 장조림국물을 넣고 고루 섞어가며 볶다가 후춧가루를 살짝 뿌리고 한 번 더 볶아 불에서 내려요.

6 완성된 볶음국수를 그릇에 담고 고명으로 남겨놓은 장조림을 올려요.
반숙으로 익힌 달걀프라이를 올려 함께 먹어도 맛있어요!

우리쌀 100%로 만든 쌀국수의 경우 미리 30~40분 불렸다가 끓이세요. 쌀과 밀가루가 섞인 제품의 경우에는 불릴 필요 없이 바로 끓는 물에 넣어 4분 정도 끓이고 찬물에 헹궈요.

굿모닝! 10분 잡채

"여보, 오늘 무슨 날이야?". 아침부터 잡채를 냈더니 남편이 무슨 날이냐고 물어보네요. 요 며칠 간단한 시리얼이나 달걀프라이 정도로 아침을 차렸었는데 오늘은 뭔가 든든하게 먹여 보내고 싶은 마음에 후다닥 만들어봤어요. 갖은 채소가 들어가 영양 균형도 맞아요.

쇠고기 50g, 마른 당면 50g, 표고버섯 2개, 애호박 1/3개, 양파 1/2개
밑간 간장 1작은술, 다진 파 1작은술, 다진 마늘 1/2작은술, 설탕·후춧가루·참기름 조금씩
양념장 간장 2큰술, 설탕 1큰술, 다진 마늘 1작은술, 깨소금·참기름 조금씩

★ **전날 밤 준비해요** 당면은 전날 밤 찬물에 한 시간 정도 담가 불려서 물기를 빼고 지퍼백에 담아 냉장고에 넣어두세요. 이렇게 하면 아침에 당면을 바로 꺼내 요리하면 되니 '바쁜 아침에 잡채가 웬 말이냐' 싶었던 생각은 사라질 거예요.

1 쇠고기는 채 썰어 간장과 다진 파, 다진 마늘, 설탕, 후춧가루, 참기름으로 조물조물 버무려요. 호박은 돌려 깎아 채 썰고, 당근과 양파도 같은 크기로 채 썰어요. 표고버섯은 기둥을 떼고 슬라이스해요.

2 작은 볼에 양념장 재료를 모두 넣고 골고루 섞어요.

3 전자레인지용 실리콘 찜기에 미리 불려놓은 당면을 넣고 양념장의 1/2 분량을 둘러 부어요.

4 그 위에 밑간해놓은 쇠고기와 채 썬 양파·호박·당근·버섯을 얹고 양념 남은 것을 둘러 부어요.

5 실리콘 찜기의 뚜껑을 덮고 전자레인지에 넣어 2분 30초 동안 가열한 뒤 꺼내요. 뚜껑을 열고 당면과 재료들을 골고루 섞은 다음 다시 뚜껑을 덮어 전자레인지에서 2분 30초 더 가열해요.

6 시간이 다 되면 꺼내서 뚜껑을 열어요. 참기름을 두르고 깨를 뿌려 면발이 달라붙지 않도록 골고루 섞은 다음 그릇에 담으면 끝이랍니다.

전자레인지용 실리콘 용기를 보신 적 있으시지요? 그 중에 찜기를 이용해서 잡채를 만들었어요. 기름을 사용해서 볶지 않아 요리가 담백하고 무엇보다 쉽고 빠르게 만들 수 있다는 것이 장점이지요. 나물요리나 찐만두 등도 간편하게 만들 수 있어요.

전자레인지용 실리콘 찜기라고요? 잡채를 만들 수 있다니 놀라워요!

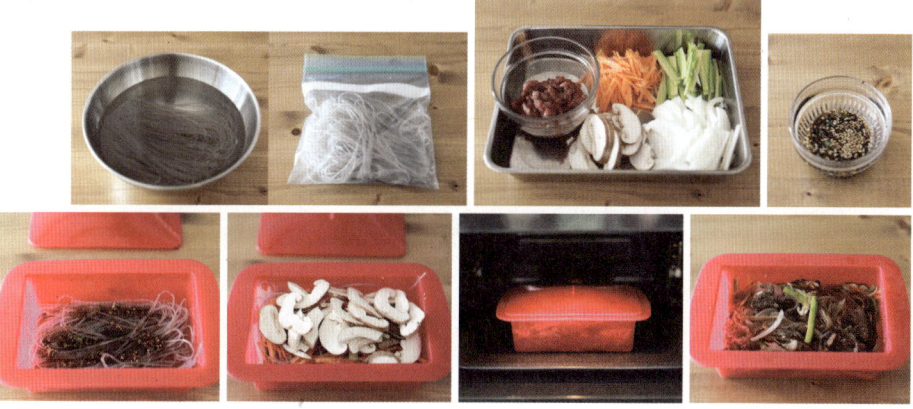

아이들도 잘 먹는
두유 콩국수

아이들은 대체로 콩국수를 즐겨 먹지 않아요. 남편이 콩국수를 좋아해서 여름이면 종종 하는데 그럴 때마다 우리 딸은 쳐다보지도 않는 거예요. 하루는 시간이 부족하기도 하고 좀 새롭게 만들어볼까 하여 두유를 국물로 사용했어요. 두유에 중면이나 쌀국수면을 넣어도 훌륭한 콩국수가 되더라고요. 신기하게도 두유로 만든 콩국수는 은찬이도 제법 잘 먹어서 학교 가기 전에 아침으로 가끔 만들어줍니다.

순두부(또는 생식두부) 1모, 구운 아몬드 2큰술, 두유 2컵, 쌀국수(혹은 중면) 2인분, 오이 1/4개, 토마토 1/4개, 소금·설탕 조금씩

1 믹서에 두부와 두유, 아몬드를 넣고 곱게 갈아요.

2 소금과 설탕으로 간을 맞추고 그대로 그릇에 담아 뚜껑을 닫고 냉장고에 넣어 차갑게 식혀요.

3 쌀국수를 삶아 찬물에 헹구고 체에 받쳐 물기를 빼요.

4 콩국수를 담을 그릇에 국수를 말아 올리고 차갑게 만든 국물을 부어요. 채 썬 오이와 토마토를 올려 완성하세요.

든든한 하루의 시작,
아침 삼겹살과 부추겉절이

| 1 | 2 | 3 |
| 4 | 5 | |

돼지고기(삼겹살용) 300g, 부추 150g, 양파 1/4개
겉절이 양념 고춧가루 1큰술, 간장 1큰술, 멸치액젓 1큰술, 참기름 1/2큰술, 깨소금 1큰술

1 부추의 지저분한 부분은 제거하고 물에 흔들어 씻어요. 물기를 제거하고 5cm 길이로 썰어요.

2 양파는 채 썰어 찬물에 잠시 담가 매운맛을 제거해요.

3 겉절이 양념을 모두 섞어서 양념을 만들어요.

4 볼에 부추와 양파를 담고 만들어둔 겉절이양념을 넣어 버무려요.

5 노릇노릇 구운 삼겹살과 함께 그릇에 담아 모닝삼겹살을 즐겨요.

삼겹살을 집에서 구워먹는다는 건 사실 쉬운 일이 아니지요. 여기저기 튀는 어마어마한 기름과 온 집안을 가득 메우는 연기와 냄새 때문에 괴로워요. 그래서 저는 샌드위치나 와플을 구워 먹는 파니니그릴을 이용해요. 충분히 달군 파니니그릴에 삼겹살을 올려놓고 덮개를 닫아놓으면 삼겹살을 굽는 동안 기름이 튀지 않기 때문에 신문지를 넓게 깔 필요가 없으니 뒷정리도 쉬워요.

곤드레밥은 이렇게 만들어요!

쌀 2컵, 물 3컵, 말린 곤드레나물 불린 것 1컵, 국간장 1큰술, 참기름 2큰술
양념장 간장 2큰술, 다진 마늘 1작은술, 다진 파 1큰술, 깨소금 조금, 참기름 조금

1 쌀을 깨끗이 씻어 30분 이상 불려요.

2 말린 곤드레는 미리 물에 담가놓았다가 끓는 물에 충분히 삶아요. 압력솥을 사용하면 편해요. 충분히 삶은 다음 물기를 빼고 국간장과 참기름으로 조물조물 무쳐 볶아요.

3 밥솥에 불린 쌀과 물 3컵, 볶은 곤드레를 넣고 잘 섞어 밥을 지어요.

밥 한입, 말이 한입!
베이컨채소말이와 쇠고기마늘종말이

영양부추 50g, 새송이버섯 1/2개, 팽이버섯 한줌, 대파 1대, 베이컨 200g
양념장 간장 1큰술, 맛술 1큰술, 물엿 1큰술, 청주 2큰술,

베이컨채소말이

1 영양부추는 물에 흔들어 씻어 물기를 제거하고 대파와 팽이버섯은 5cm로 썰어요. 새송이는 새끼손가락 정도의 두께로 썰어 준비해요.

2 베이컨으로 영양부추와 새송이버섯, 대파, 팽이버섯을 각각 싸서 말아요.

3 달군 팬에 ②를 올려 양념장을 붓으로 발라가며 노릇노릇 구워요. 완성이 되면 꼬치에 끼워 밥과 함께 담아요.

쇠고기마늘종말이

마늘종 100g, 쇠고기(샤브샤브용) 200g, 소금·후춧가루 조금씩
※팽이버섯이나 당근, 피망 등을 추가로 준비해도 좋아요
양념장 간장 1큰술, 맛술 1큰술, 물엿 1큰술, 청주 2큰술

1 끓는 물에 소금을 적당량 넣고 마늘종을 넣어 약 30초 정도 데쳐요.

2 데친 마늘종은 체에 밭쳐 찬물로 가볍게 헹궈주세요.

3 쇠고기는 넓게 펴서 소금, 후춧가루로 살짝 밑간해요.

4 쇠고기 위에 ②를 올려요.

5 쇠고기를 단단하게 밀착시키면서 마늘종을 말아요.

6 마늘종 외에도 팽이버섯, 당근, 피망, 오이 등의 다양한 채소를 더해도 좋아요.

7 쇠고기의 겉면에 바를 양념은 미리 섞어두어요.

8 팬에 살짝 기름을 두르고 ⑥을 넣어 굴려가며 타지 않게 재빨리 구워요.

9 ⑦을 붓으로 발라가며 구워요.

10 한입에 먹기 좋게 2~3등분으로 썰어 그릇에 담아요.

부엉, 부엉~
서니 사이드 업

달걀 2개, 식빵 2쪽, 베이컨 2장, 버터 조금, 홈메이드 잼 적당량, 베이비채소·방울토마토 적당량씩

1 달군 프라이팬에 기름을 두르고 종이타월로 살짝 닦아낸 뒤 달걀 틀을 올려요.

2 불을 약하게 줄이고 달걀의 흰자와 노른자를 분리해서 노른자가 깨지지 않도록 틀 안에 조심스럽게 넣고 뚜껑을 덮어 약한 불에서 천천히 익혀요.
틀이 없는 경우는 달걀을 조심스럽게 깨고 그대로 뚜껑을 덮어 약불에서 천천히 익혀요.

3 팬에 버터를 조금 두르고 4등분한 식빵을 올려 겉면만 노릇해지도록 살짝 구워요.

4 베이컨은 앞뒤로 바싹 구워요.

5 홈메이드 잼(p.154~156 참고)을 곁들여요.

6 달걀프라이와 베이컨, 베이비채소를 접시에 예쁘게 담아요.

::

이른 아침, 반찬을 만들고 국을 끓이지 않아도 뭔가 그럴듯하고 영양가 있는 한 상을 차릴 수 있는 방법은 단연 달걀과 빵 그리고 채소와 과일이겠죠. 특히 살짝 덜 익은 달걀노른자는 토스트와 함께 먹으면 정말 맛있답니다. 서니 사이드 업Sunny Side Up은 팬에 프라이드 한 달걀요리의 일종으로 뒤집지 않고 한쪽면만 살짝 익힌 모양으로 해가 뜨는 모양 같아서 붙여진 이름이에요. 가끔은 여러 가지 재미있는 달걀 틀을 이용해서 만들어보세요. 하루를 시작하는 아침, 아이가 식탁에서 웃음꽃을 활짝 피울 거예요.

아침에
먹기 좋은
달걀의 모든 것

수란 Poached eggs

기름을 이용해서 프라이를 하지 않고 끓는 물을 이용해 반숙으로 조리한 달걀요리 중 하나입니다. 물에 약간의 소금과 식초를 넣어 끓는 물 안에서 부드럽게 익혀 건져내 토스트 위에 올려 먹거나 샐러드에 곁들여요. 부드럽고 담백한 달걀요리예요.

1 냄비에 물을 끓여 0.8%의 소금을 넣고 3~4%의 식초를 넣은 뒤 불을 약하게 줄이고 달걀을 조심스럽게 넣어 줍니다.

2 2~3분 정도 익힌 다음 국자로 건져내 물기를 빼서 토스트나 샐러드에 곁들입니다.

스크램블드 에그 Scrambled eggs

달걀에 우유, 소금, 후추를 가미해서 잘 휘저어 달군 팬에 버터를 두르고 휘저어 촉촉하고 부드럽게 즐기는 달걀요리입니다. 완전히 익히지 않고 약간 덜 익혀야 부드럽게 즐길 수 있어요.

1 달걀을 풀고 우유와 소금, 후춧가루를 조금 넣고 섞어 줍니다.

2 달군 팬에 버터를 넣어 둘러주고 중약불로 불을 줄인 뒤 ①의 달걀을 부어 젓가락으로 휘저어 보아 살짝 덜 익었을 때 완성해요.

아침에는 뭐니 뭐니 해도 달걀 요리가 제격이지요? 완전식품이라 불릴 만큼 영양도 풍부한데다 만들기도 간편해 아침식사의 단골메뉴예요. 달걀로 쉽게 만드는 네 가지 메뉴를 소개할게요. 양파 틀을 이용해 달걀프라이 예쁘게 만드는 법도 알아두세요.

오버 이지 에그 Over easy eggs

달걀의 한쪽 면을 익히고 재빨리 뒤집거나 뚜껑을 덮어 윗면까지 약하게 익혀 반숙으로 만든 달걀요리를 말합니다.

1 달군 팬을 중약불로 줄이고 달걀을 조심스럽게 깨뜨린 뒤 팬을 살짝 기울여 흰자가 어느 정도 익으면 뚜껑을 덮어 윗면까지 얇은 막이 생기도록 익혀요.

2 윗면과 아랫면이 모두 익은 모양이지만 깨뜨리면 속의 노른자는 흘러나오는 정도의 반숙 상태가 됩니다.

달걀프라이 예쁘게 만드는 법

달걀프라이를 깔끔하고 예쁘게 만들고 싶을 때 큰 사이즈의 양파껍질을 활용해보세요.

1 양파는 큰 사이즈로 준비해 껍질을 벗기고 둥근 모양을 살려 1.5cm 두께로 썰어줍니다. 가장 바깥쪽의 양파를 이용하세요.

2 달군 팬에 기름을 살짝 바르고 ①의 양파껍질 안쪽에도 기름을 바른 뒤 팬에 올리고 안쪽에 달걀을 깨 넣어요. 틀이 없어도 이렇게 양파껍질을 이용해 동그랗고 예쁜 모양의 달걀프라이를 만들 수 있어요.

길쭉해서 좋아!
돈가스스틱

1	2	3
	4	5

돼지고기 안심(돈가스용) 200g, 밀가루 1컵, 달걀 2개, 빵가루 2컵, 소금·후춧가루 조금씩, 파슬리가루 조금

1 돼지고기 안심은 망치로 두드리거나 칼집을 내어 길쭉한 스틱모양으로 썬 다음 소금, 후춧가루를 살짝 뿌려 밑간을 해요.
마트에서 파는 돈가스용 돼지고기는 잘 손질되어 있기 때문에 밑간만 하면 돼요.

2 손질한 돼지고기는 밀가루와 달걀, 빵가루 순서로 튀김옷을 입혀요.

3 튀김옷을 입힌 고기는 스테인리스 바트에 랩을 깔고 층층이 밀착시켜 싸거나 보관용기에 담아 냉동해두고 그때그때 꺼내 요리하면 좋아요.

4 팬에 기름을 두르고 고기가 속까지 익도록 노릇하게 구워요.

5 구운 고기는 튀김 망에 올려 기름을 뺀 뒤 접시에 담아요.

즐거운 식사 시간!
은찬이가 좋아하는 '모던트위스트 키즈매트'를 소개할게요. 밥 먹기를 싫어하거나 관심 없는 아이를 위해 재미있는 식탁 매트를 깔고 그 위에 색색의 사인펜과 한 그릇 밥을 준비해보세요. 밥을 다 먹고 나서 키즈매트에 색칠을 하자고 하면 식사시간을 즐거워할 거예요.

부담 갖지 말아요!
아몬드안심구이

돼지고기 안심 300g, 밀가루 3큰술, 달걀 1개, 빵가루 1컵, 아몬드 슬라이스1컵, 소금·후춧가루 조금씩, 올리브오일 적당량, 방울토마토 조금, 심플 로메인샐러드 (p.208 참고) 적당량

1 돼지안심은 1.5cm 두께로 썰어 소금, 후춧가루를 살짝 뿌려 밑간해요.

2 빵가루와 아몬드슬라이스를 고루 섞어요.

3 ①의 밑간한 돼지안심에 밀가루를 가볍게 묻히고 달걀물을 입힌 다음 ②를 꾹꾹 눌러가며 고루 묻혀요.
꾹꾹 눌러가며 튀김옷을 입힐 때도 원형의 고기 모양이 흐트러지지 않도록 해요.

4 달군 팬에 올리브오일을 두르고 약불에서 4~5분 정도 천천히 구워요. 방울토마토와 로메인샐러드를 곁들여 접시에 담아요.

아몬드안심구이는 약불로 천천히 굽는 것이 가장 중요한 포인트예요.

우리 딸, 힘을 내!
햄버그스테이크와 시금치볶음

햄버그스테이크는 아이들이 좋아하는 별미 요리예요. 부드럽게 다진 고기로 만들어 고기를 싫어하는 아이도 잘 먹어요. 특별한 이슈가 있는 날이나 딸아이가 부쩍 피곤해 보일 때면 힘차게 치대고 예쁘게 빚어서 맛있는 햄버그 스테이크를 만든답니다. 마음 담아 만든 음식은 엄마가 보내는 응원이잖아요. 넓은 접시에 밥과 채소반찬 한 가지를 곁들이면 영양면에서도 완벽한 한 끼 식사가 됩니다.

햄버그스테이크

★ **전날 밤 준비해요** 다진 쇠고기와 돼지고기, 소금 1/2큰술을 볼에 담아 약 1~2분간 충분히 치댄 뒤 랩을 씌워놓아요. 이때 충분히 치대야 단백질 구조가 파괴되어 고기가 연해져요.

1 양파는 굵게 다지고 달군 팬에 버터를 녹인 뒤 약불에서 소금을 조금 뿌리고 충분히 볶아요.
  양파가 타지 않도록 약불에서 갈색이 날 정도로 볶아주세요.

2 ①에 빵가루와 카레가루, 너트매그, 달걀을 넣고 충분히 치대면서 섞어요.

3 모양을 만들 때는 양손에 힘을 주어 던지면서 치대야 공기가 충분히 빠져서 구울 때 균열이 생기지 않아요.

4 ③을 눌러 납작하게 만들어요. 이때 가운데를 조금 더 눌러 얇게 만들어주세요. 나중에 구울 때 가운데 부분이 봉긋하게 올라와서 잘 익지 않을 수도 있어요. 굽다보면 고기반죽이 더 도톰해지기 때문에 모양을 만들 때 납작하게 빚는 것이 좋아요.
  바로 구워서 먹어도 좋고, 하루 정도 냉장숙성해도 좋아요. 따로 보관을 할 경우는 반죽을 랩으로 싸서 공기를 완전히 빼고 밀폐용기에 담아 냉동실에서 넣어두세요.

5 냉동실에 보관한 고기반죽은 전날 밤 냉장실로 옮겨두었다가 아침에 달군 팬에 기름을 두른 뒤 중약불로 천천히 익혀 구워요. 팬을 이용하는 경우는 중약불에서 천천히 구워야 속까지 다 익어요.

6 스테이크소스 재료를 냄비나 팬에 담고 약불에서 서서히 졸여가며 소스를 완성해요.

다진 쇠고기 300g, 다진 돼지고기 200g, 양파 1개, 다진 마늘 1작은술, 빵가루 50g, 카레가루 1작은술, 달걀 1개, 소금 1/2큰술, 너트매그 조금(없으면 생략), 후춧가루 조금 스테이크소스 바비큐소스(A1소스) 2큰술, 케첩 3큰술, 물 1/2컵, 설탕 2큰술, 월계수잎 1장(없으면 생략)

| 1 | 2 |

시금치 1/2단, 버터 1/2큰술, 소금 조금, 설탕 조금

시금치볶음

1 시금치는 다듬어 깨끗하게 씻고 물기를 제거해요. 달군 팬에 버터를 녹이고 시금치를 넣어 볶아요. 소금과 설탕으로 간을 맞춰요.

2 시금치의 숨이 어느 정도 죽으면 간장 1작은술을 둘러준 뒤 빠르게 섞고 불을 끄세요.

- 고기반죽을 할 때나 크림소스를 만들 때 너트매그를 조금 갈아 넣으면 잡냄새를 없애주고 좋은 맛과 향을 더해줘요. 단, 독한 성분이 있으니 아주 소량만 넣어주세요.
- 하나의 접시에 밥까지 같이 담는 경우에는 작은 용기에 밥을 담고 랩으로 씌운 다음 손으로 감싸 모양을 만들면 편해요.

향초빵가루로 촉촉한 닭가슴살구이

이탈리아요리를 배울 때 집에서 가장 많이 해먹었던 요리중 하나예요. 향초빵가루를 입혀 향긋한 풍미가 일품이에요. 약불로 천천히 구워내면 속살까지 촉촉한 닭가슴살 구이가 완성돼요.

닭가슴살 250g, 건조 빵가루 120g, 로즈마리나 타임, 오레가노 등 프레시 허브 10g씩, 블랙올리브 6개, 올리브오일 1/2컵, 버터 적당량, 소금·후춧가루 조금씩

1 각종 허브는 잘게 다지고, 블랙올리브도 곱게 다져요.

2 닭가슴살은 살짝 헹궈 물기를 제거하고 상온의 부드러운 버터를 꼼꼼하게 발라주세요.

3 ①의 허브와 블랙올리브를 빵가루에 고루 섞어요.

4 올리브오일을 원을 그리며 부어준 뒤 손으로 비벼가며 섞어요.

5 전체적으로 노르스름한 색이 나도록 고루 섞어요.

6 ②의 닭가슴살에 ⑤를 충분히 입혀요.

7 약불로 달군 팬에 버터 1/2큰술과 올리브오일 1큰술을 넣고 ⑥을 올려 천천히 익혀요.

8 사선으로 썰어 샐러드(p.110 로메인에그샐러드 등 참고)를 곁들여 내요.

가볍게 먹고 싶은 날!
로메인에그샐러드

삶은 달걀 2개, 통 로메인 100g, 크루통 20g, 소금·후춧가루 조금씩
파인애플 발사믹드레싱 다진 파인애플 과육 2큰술, 파인애플 과즙 3큰술, 올리브오일 3큰술, 발사믹식초 1큰술

1 달군 팬에 버터를 두르고 깍둑썰기한 빵을 구워 크루통을 만들어요.
쉽게 탈 수 있으니 센 불에서 굽지 않도록 해요.

2 로메인은 깨끗이 씻어 물기를 충분히 제거해요.

3 발사믹식초에 파인애플 과즙과 과육을 섞고 올리브오일을 조금씩 넣으면서 거품기로 섞어요.

4 접시에 ②를 담고 삶은 달걀과 크루통을 올린 다음 ③의 발사믹드레싱을 뿌려요.

어떤 발사믹식초를 골라야 할지 모를 때는 5그레이프 발사믹식초를 추천해요. 발사믹식초 중에서도 포도 함량과 농도가 높아 드레싱과 가니싱이 모두 가능한 점도를 가지고 있는데, 겉포장에 포도송이가 5개가 그려져 있는 제품을 고르면 돼요. 5그레이프 발사믹식초에 3배의 엑스트라 버진 올리브오일(1:3 비율)만 섞어줘도 맛있는 드레싱을 만들 수 있어요.

가볍고 알찬 한 그릇,
양배추베이컨수프

빵을 좋아하는 딸과 남편은 간단한 아침식사로, 또 간식으로 빵을 즐겨 먹어요. 그럴 때마다 소화를 돕는 양배추 수프를 끓여 함께 내곤 합니다. 특히 남편이 참 좋아하는 수프예요. 양배추가 가득한 수프를 보고 처음에는 먹지 않겠다고 하던 딸도 한두 번 맛을 보더니 지금은 양배추수프를 만들어달라고 해요. 한 번 맛보면 멈출 수 없는 묘한 매력을 지녔답니다.

| * | 1 |
| 2 | 3 |

양배추 200g, 양파 100g, 베이컨 100g, 간단 닭육수(p.11 참고) 350 ml, 소금·후춧가루 조금씩

* **전날 밤 준비해요** 전날 간단 닭육수를 미리 준비해요. 만약 미리 준비하지 못했다면 유기농 치킨스톡을 이용해 간편하게 만들 수 있어요.

1 양배추는 큼직하게 자르고 양파는 채 썰어 준비해요. 베이컨은 2cm 두께로 썰어요.

2 소스 팬을 달구고 베이컨을 볶아요. 기름이 충분히 나오도록 노릇하게 바싹 볶아주세요.

3 ②에 양파를 넣고 볶다가 양배추를 넣어요. 양파가 투명해지면 준비해둔 닭육수를 붓고 끓여요. 끓기 시작하면 중약불에서 최소 20분 이상 더 끓여 양배추가 부드러워지고 단맛이 충분히 우러나면 소금과 후춧가루로 간을 해요.

셰프가 되는 오늘!
미트볼토마토수프

시판 토마토소스 350g, 간단 닭육수(p.11 참고) 150㎖, 생크림 50㎖, 버터 2큰술, 설탕 조금, 소금·후춧가루 조금씩

미트볼 다진 쇠고기 100g, 다진 돼지고기 100g, 다진 양파 1큰술, 허브믹스 1/2큰술, 달걀흰자 1/2개, 빵가루 1큰술, 너트매그 조금

★ **전날 밤 준비해요** 간단 닭육수를 만들어 냉장고에 넣어두세요. 유기농 치킨스톡이 있다면 닭육수를 따로 만들지 않아도 돼요.

1 볼에 미트볼 재료를 모두 넣고 섞은 다음 손으로 충분히 치대요.

2 한입에 넣기 좋은 크기로 작게 빚어요.

3 시판 토마토소스와 간단 닭육수, 생크림, 버터 2큰술, 설탕 1/2큰술을 섞어 중약불에서 끓이다가 소금, 후춧가루로 간을 해요.

4 달군 팬에 기름을 두르고 ②를 굴려가며 구워요. 센불에서 구우면 갈라지고 터질 수 있으니 중불로 구워주세요.

5 미트볼이 속까지 잘 익으면 ③에 넣고 잠시 더 끓이다가 불을 끄고 그릇에 담아요.

토마토소스는 집에서도 만들 수 있지만 시판 토마토소스를 사용하면 훨씬 편해요. 특히 제가 좋아하는 토마토소스는 '데체코 폴파 디 포모도로'라는 제품이에요. 인공적인 맛이 느껴지지 않고 깔끔해서 맛이 좋답니다. 이탈리아에서 수입하는 제품으로 인터넷쇼핑몰이나 백화점 식품코너에서 구입할 수 있어요.

여유로운 아침의 행복,
잉글리시머핀과 양송이수프

잉글리시머핀 1개, 달걀 1개, 베이컨 2줄, 홀그레인 머스터드 1큰술, 마요네즈 1큰술, 슬라이스치즈 1장

잉글리시머핀

1 팬에 달걀을 깨뜨려 올린 뒤 소금을 살짝 뿌려 달걀 프라이를 만들어요.

2 베이컨은 반으로 잘라 달군 팬에서 바싹 구워요.

3 잉글리시머핀은 포크로 옆면을 돌려가며 깊게 찔러요.

4 손으로 잉글리시머핀을 벌려 2등분해요.

5 달군 팬에 버터를 두르고 잉글리시머핀의 자른 면을 구워요.

6 구워낸 머핀의 단면 한쪽에는 홀그레인 머스터드를 바르고 다른 한쪽에는 마요네즈를 발라요. 치즈와 ①, ②를 순서대로 올리고 남은 잉글리시머핀의 한쪽을 덮어서 완성해요.

- 깔끔한 모양의 달걀프라이를 만들려면 잉글리시머핀 틀을 이용하세요. 만약 머핀 틀이 없다면 양파를 이용해 예쁘게 만들 수 있답니다. 큰 사이즈의 양파를 가로로 썰어 가장 바깥쪽 양파를 분리하고 안쪽에 오일을 발라 팬 위에 올려 틀로 사용해 보세요.
- 잉글리시머핀을 자를 때는 칼을 사용하지 않고 포크를 이용해요. 포크로 옆면을 돌려가며 골고루 찌른 다음 손으로 벌려 2등분 하세요. 이렇게 단면이 거칠어야 버터가 잘 스며들어 맛있게 구워져요.

1	2
3	4
5	6

양송이수프

1 양송이버섯은 물에 적신 종이타월로 먼지를 털고 얇게 슬라이스해요. 양파는 사방 1cm 크기로 썰어요.

2 달군 냄비에 버터를 녹이고 다진 마늘과 양파를 볶아요.

3 양파가 투명해지면 양송이버섯을 넣고 함께 볶아요.

4 버섯이 서서히 익으면서 생긴 물이 다시 줄어들면 후춧가루와 소금, 물을 넣고 끓여요.

5 뭉근하게 끓이다가 블렌더를 이용해 곱게 갈거나 믹서에 옮겨 넣고 갈아요.

6 생크림을 넣고 끓이다가 소금과 후춧가루로 간을 맞추고 그릇에 담아요.

물 300㎖, 양송이버섯 200g, 생크림 200㎖, 양파 1/2개, 버터 2큰술, 다진 마늘 2작은술, 소금·후춧가루 조금씩

달콤고소한 아침,
앙버터

홍대의 모 빵집에서 이름을 알린 앙버터는 팥앙금과 무염버터의 환상적인 조합이 인기의 이유라지요. 우리 집의 아침도 앙버터처럼 달콤하고 고소하게 깨워보세요. 기분 좋은 하루가 시작될 거예요.

치아바타 1개, 팥앙금 50g , 무염
발효버터 60g,

1 치아바타는 반을 갈라 준비해요.

2 달지 않은 국산 팥앙금, 혹은 국산 빙수용 팥을 졸여서 준비해요.

3 무염발효버터는 0.5cm 두께로 잘라요.

4 반을 가른 치아바타의 한쪽 면에 ②를 바르고 다른 한쪽 면에 ③을 가지런히 얹어주세요.

5 빵 양쪽 면을 서로 포갠 다음 빵칼을 이용해 한입 크기로 썰어요.

1	
2	3
4	5

선택의 기로!
애플팬케이크와 바나나팬케이크

애플팬케이크

1 사과는 깨끗이 씻어 씨를 빼내고 약 0.5cm 두께로 썰어요.

2 달군 팬에 버터와 설탕을 넣고 녹이다가 사과를 넣은 다음, 중불에서 3~4분 졸여요. 물과 시나몬파우더, 소금을 넣고 약불로 졸여 사과조림을 만들어요.

3 우유에 달걀 2개를 넣고 고루 저어 섞은 다음 우리밀 핫케이크가루를 넣고 거품기로 섞어요.

4 약불로 달군 팬에 버터를 살짝 바르고 ③을 반국자 정도 부어 굽다가 표면에 기포가 생길 때 뒤집어요. 완성한 팬케이크를 접시에 담고 사과조림을 올려요.

우리밀 핫케이크가루 300g, 우유 160㎖, 달걀 2개,
사과조림 사과 1개, 버터 30g, 비정제설탕 40g, 시나몬파우더 1작은술, 소금 조금, 물 4큰술

우리밀 핫케이크가루 150g, 우유 80㎖, 달걀 1개, 바나나 2개

바나나팬케이크

1 우유에 달걀을 넣고 고루 섞은 다음 우리밀 핫케이크가루를 넣고 거품기로 섞어요.

2 바나나는 도톰하게 썰어 준비해요.

3 약한 불로 달군 팬에 버터를 살짝 바르고 기름을 바른 무스링 틀을 올린 다음 ①을 반국자 정도 부어 구워요. 표면에 기포가 생기기 시작할 때 바나나를 올리고 살짝 눌러요.

4 기포가 전체적으로 올라오면 뒤집고 뒤집개로 살짝 눌러주며 노릇하게 구워요.

5 생과일주스를 곁들여요.

팬케이크를 도톰하고 예쁘게 만들려면 무스링 틀을 이용해요. 틀 안쪽에 버터나 기름을 바르고 팬 위에 올려 반죽을 부으면 간편하게 모양을 잡을 수 있어요.

미니 팬케이크핫도그와 딸기우유

핫도그는 아이들은 참 좋아하는 간식이지요. 하지만 집에서 만들려면 기름에 튀겨야하니 여간 번거로운 게 아니에요. 기름에 튀기지 않아도, 오븐에 굽지 않아도 간편하게 만들 수 있는 팬케이크핫도그를 만들어보세요. 밖에서 사먹는 핫도그보다 아이들이 더 좋아할 거예요.

팬케이크 핫도그 우리밀 핫케이크가루 100g, 우유 50㎖, 달걀 1/2개, 미니소시지 10개

딸기우유 딸기 8개, 우유 200㎖, 아가베시럽 2~3큰술 또는 꿀 1큰술, 얼음 5개

1 우리밀 핫케이크가루를 준비해요.

2 우유에 핫케이크가루와 달걀을 넣고 골고루 섞어 반죽을 만들어요.

3 소시지는 끓는 물에 살짝 데쳐 물기를 제거해요.

4 달군 팬에 기름을 살짝 두르고 종이타월로 가볍게 닦아낸 뒤 ②를 한 숟가락씩 올려 타원형으로 길쭉하고 얇게 펴세요. 표면에 구멍이 생기면 ③을 올려 돌돌 말아 좌우로 굴려가며 익혀요.

5 꼬치를 끼워 핫도그 모양을 만들고 시럽이나 딸기를 함께 곁들여요.

6 딸기와 우유, 얼음, 시럽을 함께 갈아 딸기우유를 만들어요.

―

핫케이크 반죽을 너무 두툼하게 올리면 소시지가 닿은 부분의 반죽이 익지 않는 경우가 있으니 얇게 펴주세요. 반죽은 팬케이크처럼 동그랗게 펴지 말고 소시지를 잘 말 수 있도록 타원형으로 길게 펴세요.

1	2	3
4	5	6

바게트로 만든 프렌치토스트

| 1 | 2 | 3 |

어슷하게 썬 바게트 6조각(또는 식빵 4장), 달걀 3개, 우유 100㎖, 시나몬파우더 1/2작은술, 바닐라에센스 조금, 슈거파우더 또는 설탕 조금, 소금·후춧가루 조금씩

1 볼에 달걀, 우유, 시나몬파우더, 바닐라에센스, 소금, 후춧가루를 넣어 거품기로 고루 섞어요.

2 어슷하게 썬 바게트는 ①에 담갔다가 버터를 녹인 팬에 올려 중약불에서 노릇하게 구워요.

3 접시에 담은 다음 슈거파우더나 설탕을 살짝 뿌려요.

마이 홈 브런치 카페,
몬테크리스토

우유식빵 2장, 슬라이스햄 1장, 슬라이스치즈 1장, 닭가슴살 1조각, 무염버터 적당량, 달걀 1개, 우유 1큰술, 소금·후춧가루 조금씩, 설탕 1/2작은술, 바닐라익스트랙 2방울, 슈가파우더 조금, 딸기잼(취향에 따라) 조금

1 버터는 미리 상온에 꺼내놓고, 닭가슴살은 얇게 저며 소금, 후춧가루로 밑간한 다음 팬에 구워요.

2 실온에 꺼내놓은 부드러운 버터를 식빵 한쪽 면에 각각 바르고 햄, 구운 닭가슴살, 치즈를 순서대로 올려요. 나머지 버터 바른 식빵 한쪽을 덮어요.

3 달걀과 우유, 소금, 설탕, 바닐라익스트랙을 고루 섞어요.

4 약불로 달군 팬에 버터를 녹여요. ②의 빵 가장자리를 잘라내고 ③의 달걀물을 입혀 팬에 구워요.

달걀을 얹을까, 말까?
크로크무슈와 크로크마담

식빵 2쪽, 버터 10g, 슬라이스햄 1장, 슬라이스치즈 1장, 모차렐라치즈 적당량

베샤멜소스 버터 30g, 밀가루 30g, 우유 300ml, 소금·후춧가루 조금씩, 너트매그 조금 ※버터와 밀가루, 우유의 비율은 1:1:10이에요.

1	2	3	4
5	6	7	
8	9	10	11

크로크무슈

1 냄비에 버터 30g을 넣고 타지 않도록 중약불에서 녹여요.

2 동량의 밀가루를 넣고 거품기로 고루 섞으면서 볶아요.
이때 밀가루를 충분히 볶아주어야 맛있는 베샤멜소스를 만들 수 있어요.

3 밀가루의 10배 분량의 우유를 조금씩 부어가며 잘 풀어주세요.

4 소금과 후춧가루로 간을 하고 너트매그를 살짝 갈아 넣어 잡내를 없애요.

5 트레이에 담고 마르지 않도록 랩을 소스에 밀착시켜 덮어 식혀서 베샤멜소스를 완성해요.

6 식빵과 슬라이스햄, 슬라이스치즈를 준비해요.

7 식빵 한쪽 면에 상온에 두어 부드러워진 버터를 발라요.

8 ⑤의 베샤멜소스를 발라요. 너무 많이 바르지는 마세요.

9 슬라이스햄과 치즈를 올려요.

10 그 위에 버터 바른 식빵을 올리고, 다시 베샤멜소스를 얇게 바른 다음 모차렐라치즈를 취향에 따라 올려요.

11 오븐토스터기나 200℃로 예열한 오븐에서 치즈가 녹을 정도로만 구워요.
가장자리를 잘라내고 먹어도 좋아요.

'크로크무슈' 재료에 달걀 1개, 소금, 후춧가루, 레드페퍼, 허브믹스를 추가하세요.

크로크마담

1 달군 팬에 기름을 둘러 반숙으로 달걀프라이를 만들어요.

2 완성한 크로크무슈 위에 ①을 올리고 소금과 후춧가루를 살짝 뿌린 뒤 취향에 따라 허브나 레드페퍼를 뿌려요.

새로운 맛의 발견!
버섯과 수란 캄파뉴샌드위치

퇴근길에 빵집에 들렀다는 남편이 빵봉지를 열어 이런저런 빵들 중에서도 투박하게 생긴 시골빵 캄파뉴를 꺼내듭니다. 무슨 맛인지 궁금해서 사보았다고. 요즘 인기 있는 천연발효빵이라고 이야기해주었더니, 조금 먹어보고는 본인 스타일이 아니라며 내려놓네요. 그래서 다음날 아침에 남은 캄파뉴를 썰어 수란과 볶은 버섯을 올려 오픈 샌드위치를 만들었어요. 맛있다고 신 나게 먹고 출근한 남편은 그날 저녁에도 캄파뉴를 사들고 집에 왔답니다.

1.5cm 두께로 썬 캄파뉴 2조각(혹은 호밀빵이나 담백한 빵), 느타리버섯 2줌, 달걀 2개, 홀그레인 머스터드 2큰술, 식초 조금, 소금·후춧가루 조금씩

1 빵은 1.5cm 정도의 두께로 썰어요.

2 느타리버섯은 밑동을 잘라요. 느타리버섯이 아닌 다른 종류의 버섯도 좋아요.

3 달군 팬에 올리브오일을 두르고 버섯을 넣은 다음 소금과 후춧가루를 조금 뿌려 달달 볶아요. 노릇한 색이 나도록 볶으면 더 먹음직스러워요.

4 ①을 그릴팬이나 토스트기를 이용해 겉면을 노릇하게 구워요.

5 p.98을 참고하여 수란을 만들어요. 이 방법이 어렵다면 국자에 기름을 바르고 달걀을 깨뜨려 올린 다음 끓는 물에 국자를 담가 만들면 편해요.

6 ④에 홀그레인 머스터드를 바르고 ③과 ⑤를 올려요.

단호박과 친해지는 방법,
구운 단호박샐러드

단호박 1/2개, 루꼴라 7~8줄기, 잣 1큰술, 베이컨 5장, 엑스트라 버진 올리브오일 조금, 소금·후춧가루 조금씩, 그라나파다노치즈 조금
발사믹드레싱 발사믹식초 2큰술, 엑스트라 버진 올리브오일 6큰술, 머스터드 1/4작은술, 소금·후춧가루 조금씩

1	2	3
4	5	6
	7	8

1 단호박은 껍질째 사용하므로 깨끗이 씻어 준비해요.
  미지근한 물로 먼저 씻은 뒤 20분 정도 물에 담가 불순물을 제거하고 다시 흐르는 물에 씻어요.

2 단호박은 반을 갈라 숟가락을 이용해 씨를 제거하고 1cm 정도 두께로 썰어 올리브오일과 소금, 후춧가루로 버무려요.

3 190℃로 예열한 오븐에서 20분 정도 구워요. 만약 오븐이 없다면 그릴팬이나 프라이팬에서 앞뒤로 노릇하게 구워요.

4 발사믹식초 2큰술, 머스터드 1/4작은술, 소금, 후춧가루를 섞은 뒤 엑스트라버진 올리브오일 6큰술을 조금씩 넣어주며 거품기로 고루 섞어 발사믹드레싱을 만들어 냉장고에 넣어두어요.

5 베이컨은 바짝 구운 다음 종이타월에 올려 기름을 빼요.

6 기름을 두르지 않은 마른 팬에 잣을 볶아요.
  견과류는 마른 팬에 볶아주면 더 고소해져요.

7 루꼴라는 찬물에 가볍게 헹구고 물기를 충분히 빼요.

8 접시에 ③과 ⑤, ⑥을 고루 담고, 냉장고에 넣어둔 ④를 다시 한 번 섞은 다음 고루 뿌려요. 그라나파다노치즈를 갈거나 얇게 저며 올려서 완성해요.

오늘 하루도 열심히!
푸짐한 한우샐러드

한우(채끝등심) 100g, 샐러드용 채소(양상추, 청상추, 로메인, 어린잎, 참나물 등) 적당량, 래디시 적당량, 방울토마토 적당량
들기름드레싱 들기름 1큰술, 매실청 1큰술, 간장 1큰술, 식초 1작은술, 다진 마늘 1/2작은술
쇠고기 밑간 소금·후춧가루 조금씩, 포도씨유 적당량

1 샐러드 채소는 한입 크기로 잘라서 차가운 물에 담가두었다가 채소탈수기를 이용해 물기를 제거해요.
 샐러드는 채소의 물기를 잘 빼는 것이 가장 중요해요. 물기를 제거한 채소는 지퍼백이나 용기에 담아 냉장고에 넣어 보관해요.

2 아삭하게 씹을 수 있는 래디시는 적당한 두께로 슬라이스하고 방울토마토는 크기에 따라 1/2 또는 1/4 크기로 썰어요.

3 볼에 들기름드레싱 재료를 모두 넣고 거품기로 섞어 냉장고에 넣어요.

4 한우는 쇠고기 밑간 재료를 섞어 준비해요.

5 뜨겁게 달군 팬에 ④를 올려 표면이 갈색이 되도록 센불에 재빨리 구워요.

6 차가운 접시에 들기름과 소금으로 살짝 버무린 채소를 깔고 래디시와 토마토, ⑤의 고기를 올린 다음 먹기 직전에 드레싱을 부어요.

6가지 행복,
굿모닝파스타

콩닥맘은 '뭐 해먹지?' 고민될 때 종종 파스타를 만들어요. 냉장고를 열었는데 버섯 한 봉지 달랑 있는 날은 버섯크림파스타를 만들지요. 버섯의 풍미와 크림의 깊은 맛에 다른 재료는 필요 없거든요. 통조림연어가 있다면 초간단 버전의 파스타를 만들 수 있어요. 이름이 나폴리탄이지만 정작 이탈리아 사람들은 모르는 나폴리탄 스파게티는 유명 일본 만화 <심야식당>에도 소개되었어요. 가장 기본적으로 만들 수 있는 파스타이지요. 마늘과 올리브오일만 있으면 가능한 알리오올리오도 차니네 단골 메뉴예요. '오늘은 심경 좀 썼어~' 하는 날은 흑임자크림파스타나 바질페스토스파게티를 골라보세요.

바질페스토ㅍ

버섯크림ㅍ

알리오올리오

연어크림파스타

흑임자크림파스타

나폴리탄 스파게티

| 1 | 2 | 3 |
| 4 | 5 | |

껍질콩 5개, 스파게티 100g, 파르메산치즈가루 조금, 올리브오일 2~3큰술, 시판 바질페스토 3큰술 (또는 직접 만들 경우 바질잎 20장, 잣 2큰술), 파르메산치즈가루 2큰술, 마늘 1/2개, 올리브오일 100ml

바질페스토파스타

1 껍질콩은 깨끗하게 씻어 양끝의 마른 부분을 살짝 제거해요.

2 시판 바질페스토를 사용하거나 직접 만들어요.(p.167 참고)

3 냄비에 1ℓ의 물을 붓고 물이 끓으면 굵은 소금을 1큰술 넣은 다음 스파게티 100g을 부채꼴 모양으로 돌리면서 넣어 7~8분 정도 삶아요. 중간에 면이 서로 달라붙지 않도록 한두 번 휘저어요.

4 면을 삶는 동안 면을 삶고 있는 끓는 물을 이용해 껍질콩을 3~4분간 데쳐요. 껍질콩은 나중에 추가로 볶지 않기 때문에 이때 충분히 데치는 것이 좋아요. 감자가 있다면 깍둑썰기해서 함께 삶아주세요. 데친 껍질콩은 찬물에 담갔다가 건져 길이로 반 갈라요.

5 면이 다 삶아지면 불을 끄고 면을 꺼내 볼에 담아요. 여기에 면 삶은 물 2~3큰술과 ②의 바질페스토를 넣어 아직 온기가 남은 냄비 위에 올려 중탕하면서 버무려요. 데친 껍질콩을 넣고 파르메산치즈가루를 뿌려 적당히 간을 한 뒤 올리브오일을 넣어 윤기가 나도록 고루 섞어요.

• 중탕할 때 사용하는 면 삶은 물은 불을 끈 상태의 따뜻한 정도를 유지시켜주세요.

• 면을 버무릴 때 오랜 시간 볼을 냄비 위에 올려놓으면 페스토가 굳어 볼 바닥에 붙을 수 있어요. 적당히 버무린 뒤 볼을 내려주세요.

스파게티 또는 링귀네 100g, 버섯 적당량(양송이버섯1개, 새송이버 섯 1/4개, 느타리버섯 20g), 생크 림 300㎖, 파르메산치즈가루(그라 나파다노 혹은 파르미자노 레쟈 노) 1큰술, 마늘 2개, 양파 1/2개, 버터 1큰술, 올리브오일 조금, 소 금 조금, 후춧가루 조금, 파슬리가 루 조금씩

버섯크림파스타

1 양송이버섯과 새송이버섯은 슬라이스하고 느타리버섯은 먹기 좋게 찢어 준비해요.

2 마늘은 슬라이스하고 양파는 채 썰어요. 재료 손질이 모두 끝나면 면 삶을 물을 미리 불에 올려주세요.

3 물이 끓으면 굵은 소금을 1큰술 넣은 다음 스파게티 100g을 부채꼴 모양으로 돌리면서 넣어 7~8분 정도 삶아요. 중간에 면이 서로 달라붙지 않도록 한두 번 휘저어요.
물은 스파게티 건면 100g당 1ℓ, 소금의 양은 10~13g이 적당해요!

4 팬에 올리브오일을 살짝 두르고 약불에서 슬라이스한 마늘을 볶아 향을 낸 다음 양파를 넣어요. 소금을 살짝 뿌려 중약불에서 볶아주세요.

5 양파가 투명해지기 시작하면 준비한 버섯과 버터 1큰술을 넣어 함께 볶아요. 이때 ③의 면 삶는 물을 1/3컵 정도 넣고 함께 볶아 버섯의 풍미가 우러나게 하세요.

6 준비한 생크림을 부어 중약불에서 끓여요. 이때 센불에서 바글바글 끓이지 않도록 해요. 센불에서 끓이면 생크림이 분리되어 몽글몽글해져요. 파르메산치즈가루 1큰술을 넣고 약불에서 끓이다가 약간의 농도가 생기는 정도에서 소금, 후춧가루와 파슬리가루를 넣어요. 고루 섞은 뒤 바로 불을 끄고 접시에 담아요.

1	2	3
4	5	6

소스와 면을 버무리다 살짝 묽은 농도가 되었을 때 불에서 내려야 먹기에 적당한 농도가 됩니다. 만약 소스가 너무 졸아들었다면 우유를 조금 부어 농도를 다시 부드럽게 만들어요.

알리오올리오

1 마늘은 슬라이스하고 페페론치노는 굵게 다져요. 파슬리는 잘게 다져 준비해요.

2 재료 손질이 끝나면 물 1ℓ를 끓이다가 물이 끓기 시작하면 소금과 면을 넣어 7분 정도 삶아요.

3 면을 삶는 동안 마늘소스를 만들어요. 팬을 약불에 올려 올리브오일 4~5큰술과 마늘을 함께 볶아요. 마늘 향이 우러나면 페페론치노를 넣고 볶다가 불을 끄고 다진 파슬리, 파스타 삶은 물 2~3큰술을 넣어 고루 섞어요.

4 ③의 팬에 삶은 면을 넣어 잘 섞어요.
이때 면을 삶은 물을 2큰술 정도 넣으면 소스와 면이 잘 어우러져요.

5 마지막으로 올리브오일을 살짝 둘러 잘 버무려요. 부족한 간은 소금으로 조절하세요.

알리오올리오는 면만 제대로 삶으면 나중에 소금간을 따로 하지 않아도 돼요. 면을 삶을 때 굵은 소금과 물의 양을 꼭 지켜주세요.

스파게티 100g, 물 1ℓ, 굵은 소금 10~13g, 마늘 3~4개, 페페론치노 2개, 파슬리 가루 조금, 올리브오일 조금

| 1 | 2 | 3 |

탈리아텔레 100g, 물 1ℓ, 굵은소금 1큰술, 마늘 4개, 양파 1/4개, 케이퍼 1/2큰술, 버터연어통조림 1개, 베이비채소 적당량, 올리브오일 4큰술, 버터 1/2큰술, 화이트와인 1/4컵, 생크림 300㎖, 소금 조금, 통후추 조금

연어크림파스타

1 마늘은 칼등으로 누르고 잘게 다져요.

2 케이퍼와 양파도 곱게 다져요.

3 면은 탈리아텔레와 같이 넓적한 면으로 준비해 삶아요. 1인분 기준으로 80~100g이 적당해요.

4 약한 불에서 달군 팬에 올리브오일과 버터를 녹인 다음 마늘, 양파, 케이퍼를 넣어 충분히 볶아요.

5 ④에 연어를 넣고 불의 세기를 약불에서 중불로 바꾼 다음 소금과 후춧가루를 넣고 빠르게 볶아요. 연어의 색이 노릇노릇해지면 화이트와인을 넣어요.
연어는 생연어나 훈제연어도 좋지만 간편한 연어통조림으로도 충분해요.

6 생크림을 넣고 불을 줄인 다음 고루 섞어요.
생크림이 분리될 수 있기 때문에 바글바글 끓이지 않도록 해요.

7 어느 정도 점도가 생기면 삶은 면을 넣고 젓가락으로 잘 저어 크림소스와 고루 섞어요. 소금으로 간을 하고 너무 되직하지 않은 정도에서 불을 끄고 접시에 담아요. 그 위에 통후추를 갈아 올리고 베이비채소를 얹어 완성해요.

| 1 | 2 | 3 |
| 4 | 5 | 6 | 7 |

흑임자크림파스타

1 마늘은 슬라이스하고 양송이버섯은 4등분하거나 두툼하게 썰어요. 양파는 채 썰어 준비해요.
_{채소를 손질하는 동안 파스타 삶을 물을 끓이기 시작하면 시간을 절약할 수 있어요.}

2 검은깨에 우유를 50㎖ 정도만 부어 믹서로 갈아요.

3 약불로 달군 팬에 올리브오일을 두르고 마늘을 볶아 향을 내요.

4 버터를 넣은 다음, 양파와 양송이버섯을 넣고 함께 볶아요.

5 끓는 물에 굵은 소금을 넣고 탈리아텔레를 5분간 삶아요.

6 면을 삶는 동안 ④에 남은 우유와 생크림을 붓고 ②를 넣어 가열해요.
_{센불에서 오랫동안 바글바글 끓이면 생크림이 분리될 수 있으니 센불에서 오래 끓이지 않도록 하세요.}

7 ⑥에 삶은 탈리아텔레를 넣고 중약불에서 농도가 살짝 생길 때까지 고루 섞어요. 소금과 후춧가루로 간을 맞춘 뒤 불을 끄세요.

- 크림소스는 가는 면보다 넓은 면이 잘 어울려요.
- 불을 끄고 난 뒤에도 소스의 농도가 좀 더 되직해지기 때문에 살짝 묽은 상태에서 불을 꺼야 먹을 때 적당한 농도가 됩니다.
- 면을 삶을 때 물의 양은 건면 100g당 1ℓ, 소금의 양은 물1ℓ당 10~13g이 적당해요.

탈리아텔레 또는 페투치니 100g, 검은깨 4큰술, 마늘 4개, 양파 1/4개, 양송이버섯 4개, 올리브오일 4큰술, 버터 1/3큰술, 우유 200㎖, 생크림 150㎖, 소금·후춧가루 조금씩

스파게티 200g, 물 2ℓ, 굵은 소금 2큰술, 비엔나소시지 90g, 양파 1개, 피망 1/2개, 양송이 2개, 마늘 4개, 시판 토마토소스 2컵, 버터 1큰술, 소금·후춧가루 조금씩, 올리브오일 조금

나폴리탄 스파게티

1 양송이버섯은 슬라이스하고 소시지는 어슷썰기 해요. 양파와 피망은 굵게 채 썰고, 마늘은 칼등으로 눌러 송송 썰어요.

2 냄비에 면을 삶을 물을 끓여요. 물이 끓기 시작하면 굵은 소금을 넣은 뒤 스파게티를 넣어 삶아요. 물의 양은 스파게티 100g에 물 1ℓ, 굵은 소금 10~13g이 적당해요.

3 약불로 달군 팬에 올리브오일을 두르고 ①의 마늘을 넣고 볶아요.

4 양파와 소시지를 넣고 볶다가 양파가 투명해지기 시작하면 피망과 양송이버섯을 넣고 함께 볶아요.

5 시판 토마토소스를 넣고 뭉근하게 끓여가며 고루 섞어요.

6 ②의 스파게티면를 넣고 고루 섞어주세요.

7 마지막에 버터를 넣어 고루 섞은 뒤 불을 끄고 접시에 담아요.

생일엔 미역국과
엄마표 딸기생크림케이크

마른 미역 25g, 쇠고기(국거리용) 150g, 국간장 2큰술, 진간장 1큰술, 참기름 1큰술, 물 6컵, 소금 조금

미역국

1 마른 미역은 찬물에 잠시 불렸다가 두세 번 씻어 물기를 빼요.

2 냄비에 참기름을 두르고 쇠고기를 넣어 볶아요.

3 ②에 ①과 국간장, 진간장을 넣어 고기와 미역을 충분히 볶아요.
국간장과 진간장으로 버무린 미역을 충분히 볶아야 국물 맛이 잘 우러나요.

4 물을 붓고 끓이다가 국물이 바글바글 끓기 시작하면 중약불로 불을 줄여 뭉근하게 끓여요. 미역이 충분히 부드러워지고 미역 맛이 국물에 잘 우러나면 소금으로 간을 맞추고 그릇에 담아요.

딸기생크림케이크

★ 전날 밤 준비해요

케이크의 베이스인 제누아즈는 전날 미리 만들어두는 것이 편해요. 점차 능숙해지면 당일에 바로 만들 수 있어요.

1 박력분은 두 번 체를 쳐서 준비해요. 버터는 우유와 함께 담아 따뜻하게 데워두세요.

2 달걀과 설탕, 꿀은 모두 섞어 뜨거운 물이 담겨져 있는 볼 위에 중탕으로 올려 핸드믹서(혹은 거품기)로 휘핑해요. 설탕이 다 없어지고 따뜻한 온기가 느껴질 때까지 휘핑한 다음 중탕물에서 내려요.

3 거품기를 들어올렸을 때 ②의 반죽이 리본모양을 유지하면 계속해서 휘핑해 거품기를 들었을 때 반죽이 흘러내리는 정도까지 돌려요. 고속에서 2단, 1단으로 속도를 조금씩 줄여 큰 기포를 정리하고 마무리해요.

4 체에 거른 박력분을 2번에 나눠 넣고 주걱으로 고루 섞어요.

5 데운 버터와 우유를 식지 않게 따뜻하게 준비해요.

6 ⑤에 ④의 반죽의 일부를 덜어 가볍게 섞은 뒤 다시 ④에 붓고 고루 섞어요.

7 18cm 틀에 유산지를 두르고 ⑥을 부어 170~180℃로 예열한 오븐에서 20~25분 정도 구워요.

8 구워진 제누아즈는 식힘망에 뒤집어서 식혀요.

9 딸기는 세로로 3등분해요.
딸기를 물로 씻으면 쉽게 물러지므로 꼭지를 떼고 그 주위를 깨끗한 면보자기로 닦아주세요.

10 전날 준비한 제누아즈는 제일 위쪽 면을 잘라낸 뒤 뒤집어서 각봉을 이용해 가로로 3등분해요.

11 가장자리는 틀로 찍어서 잘라내거나 그대로 사용해도 좋아요.

12 차갑게 보관한 생크림에 설탕을 넣고 부드럽게 중속에서 80% 정도로 휘핑해요.
생크림은 쉽게 분리되니 너무 오래 휘핑하지 않도록 해요.

13 물 50g과 설탕 50g을 녹여 시럽을 만들어 차갑게 식히고 돌림판 위에 제누아즈 한 장을 올린 뒤 시럽을 얇게 발라요.

14 ⑫의 생크림을 바르고 딸기를 올린 뒤 다시 생크림을 발라요.

15 다시 제누아즈를 올리고 다시 위의 과정을 반복해요.

16 마지막 세 번째 제누아즈를 올리고 남은 생크림으로 겉면을 매끄럽게 아이싱한 다음 그 위에 생크림과 딸기를 올려요.
아이싱이 어렵다면 생크림으로만 장식해도 충분히 예쁘고 맛있어요.

제누아즈 달걀 150g, 설탕 95g, 꿀 15g, 박력분 100g, 버터 20g, 우유 30g.

아이싱 생크림 400g, 설탕 40g

시럽 물 50g, 설탕 50g, 키리쉬(리큐르의 종류, 없으면 생략), 딸기 18개, 슈거파우더 적당량

당근비스킷과 3가지 홈메이드 잼

미국식 스콘을 '비스킷'이라고 불러요. 영국식 스콘과 비슷한 식감과 맛을 지녔어요. 최근에는 쉽게 만들 수 있는 비스킷 믹스 패키지가 판매되고 있어요. 채소를 넣어 홈메이드로 만들면 아이들 영양 간식으로 정말 좋지요. 여기서는 '당근비스킷'을 소개할게요. 엄마표 잼도 만들어 곁들여보세요. 시간적 여유가 있는 날 수제 잼도 만들어두었다가 비스킷도 구워 아침 식탁에 내면 근사한 어메리칸 스타일 아침식사가 완성됩니다.

박력분 150g, 베이킹파우더 5g, 소금 2g, 설탕 10g, 강판에 간 당근 80g, 꿀 1큰술, 버터 65g, 우유 40g

1	2	3	
4	5	6	7
8	9	10	

당근비스킷

1 오븐을 미리 200℃로 예열하세요. 박력분과 베이킹파우더, 소금, 설탕을 한꺼번에 체에 넣고 살살 쳐서 내려 섞어요.

2 차가운 상태의 버터를 준비해 사방 1cm의 큐브모양으로 썰어 다시 냉동실에 넣어두세요.

3 당근은 강판에 갈고 국물은 살짝 따라냅니다.

4 강판에 간 당근에 꿀을 1큰술 넣고 고루 섞어요.

5 볼에 체에 내린 ①의 재료들과 ②의 차가운 버터를 넣고 스크래퍼로 자르듯이 섞어줍니다.

6 버터가 작은 알갱이 형태가 되고 버터에 밀가루가 고루 묻으면 손으로 버터를 빠르게 으깨면서 보슬보슬한 상태가 되도록 비벼 섞어주세요.

7 ④의 꿀 섞은 당근을 ⑥에 넣고 주걱으로 섞어요.

8 우유를 두 번에 나누어 고루 섞어요. 가루가 보이지 않을 때까지 섞으면 돼요.
한 덩어리로 뭉친 비스킷 반죽은 수분의 양이 많고 끈적이는 것이 특징이에요.

9 유산지를 깐 오븐 팬에 반죽을 아이스크림 스쿱 또는 숟가락 2개로 적당량씩 떠서 올려요.

10 예열 상태를 180~190℃로 내린 다음 반죽을 넣고 20~25분 동안 구워 비스킷을 완성합니다.
사용하는 오븐의 상태에 따라 온도와 시간이 조금씩 다를 수 있어요.

잼 병 소독하기

1 냄비에 물이 끓으면 잼을 담을 유리병을 넣고 삶아 소독한 다음 집게로 건져내요.
2 망 위에 병을 거꾸로 세워놓고 완전히 말려요.

냉동딸기 350g, 비정제설탕 100g, 레몬즙 1큰술

1	2	3	4
5	6	7	

딸기잼

1 냉동딸기는 그대로 사용하고 생딸기는 깨끗이 씻어 꼭지를 따고 절반이나 1/4 크기로 썰어요. 설탕을 넣어 버무린 후 그대로 재워둡니다.

2 설탕이 과즙에 모두 녹고 충분히 재워지면 딸기 과육의 절반을 건져내요. 과육이 살아있는 잼을 싫어한다면 처음부터 함께 끓여주세요.

3 과육의 절반을 건져낸 상태에서 나머지를 냄비에 넣고 끓여요. 중간 중간 올라오는 거품은 걷어요.

4 한소끔 끓어오르면 불을 중약불로 줄여 계속 끓여요.

5 ②에서 따로 건져놓았던 과육을 ④에 넣고 살짝 농도가 날 때까지 졸여요.

6 어느 정도 농도가 생기면 뜨거운 상태 그대로 소독해놓은 병에 담고 곧바로 뚜껑을 꼭 닫아줍니다.

7 바닥에 마른행주를 깔고 잼이 식을 때까지 병을 거꾸로 뒤집어 세워두세요.

냉동블루베리 400g, 비정제설탕 150g, 물 1/2컵, 레몬즙 1큰술

블루베리잼

1 냉동블루베리에 설탕과 물, 레몬즙을 넣고 고루 섞어요.

2 랩을 씌워 반나절에서 하룻밤 동안 재워둡니다.

3 ②의 블루베리를 다시 한 번 고루 섞은 다음 불에 올려 저어가면서 끓여요. 중간불에서 끓이는 것이 좋아요.

4 끓어오르면 약한 불로 줄인 뒤 블루베리과육이 살짝 쪼그라들고 전체 양이 절반 정도로 줄어들 때까지 계속 졸입니다.
단, 너무 오래 졸이면 끈끈하고 딱딱해지니 확인하며 가열하세요.

5 어느 정도 농도가 생기면 뜨거운 상태 그대로 소독해놓은 병에 담고 곧바로 뚜껑을 꼭 닫아줍니다. 잼이 식을 때까지 병을 거꾸로 뒤집어 세워두세요.

씨 없는 청포도 300g, 키위 200g,
설탕 200g

청포도키위잼

만들기 전에 잠깐요! 청포도키위잼은 다른 잼과 다르게 과일의 색을 얼마나 살릴 것이냐에 따라 설탕의 종류가 결정됩니다. 색을 많이 살리고 싶으면 백설탕을 사용하고, 좀 더 몸에 좋은 설탕을 사용하려면 비정제설탕을 사용하세요. 비정제설탕을 사용하면 잼의 색이 진해집니다.

1 청포도는 깨끗하게 씻어 알맹이를 2등분하고 키위는 껍질을 벗겨 0.5cm 두께의 부채꼴로 썰어 함께 볼에 담아요. 설탕 200g을 넣고 버무린 다음 유산지나 랩을 밀착시켜 씌워 하룻밤 동안 그대로 재워두세요.
재우는 사이 설탕이 과즙에 녹아 물을 넣지 않아도 충분할 만큼의 수분이 나와요.

2 충분히 재운 과육과 설탕을 다시 한 번 고루 섞고 불에 올려 중간불에서 한소끔 끓여요.

3 중간 중간 올라오는 거품은 걷어내세요.

4 한소끔 끓어오르면 불을 끄고 과육의 절반을 덜어 믹서에 갈아요.

5 ④를 다시 냄비에 붓고 나머지와 함께 고루 섞어요.

6 다시 불을 켜고 중간불에서 끓입니다.

7 잼의 온도가 105℃가 되고 양이 처음의 절반이 될 때까지 졸여요. 뜨거운 상태 그대로 소독해놓은 병에 담고 곧바로 뚜껑을 꼭 닫아줍니다. 잼이 식을 때까지 병을 거꾸로 뒤집어 세워두세요.

딸기잼

블루베리잼

청포도키위잼

크래미에그롤과 바나나딸기롤

식빵 4장, 게맛살 2개, 달걀 2개, 마요네즈 2큰술, 간장 1/2작은술, 소금 조금

1	2	3
4	5	6

크래미에그롤

1 달걀은 끓는 물에 넣어 12분 동안 삶아요. 찬물에 담가 식힌 다음 껍질을 벗기고 굵게 다진 후, 마요네즈와 간장 1/2작은술, 약간의 소금을 넣어 고루 섞어요.

2 게맛살은 길쭉하게 반으로 갈라요.

3 식빵은 가장자리를 잘라내고 밀대로 밀어 납작하게 만들어요.
식빵은 부드러운 것을 준비하는 것이 좋아요.

4 식빵에 ①을 바르고 ②를 올린 후 돌돌 말아요.

5 롤모양이 쉽게 풀어지지 않도록 랩으로 싸서 잠시 두어요.

6 롤이 고정되면 랩을 풀고 한입 크기로 썰어요.

식빵 4장, 바나나 1개, 딸기잼 적당량

1	2	3
	4	5

바나나딸기롤

1 바나나는 껍질을 벗기고 길게 4등분해요.

2 식빵은 가장자리를 잘라내고 밀대로 밀어 납작하게 만들어요.

3 딸기잼을 식빵에 바르고 바나나를 올려 돌돌 말아요.

4 롤모양이 쉽게 풀어지지 않도록 랩으로 싸서 잠시 두어요.

5 롤이 고정되면 랩을 풀고 한입 크기로 썰어요.

아침의 깜짝 선물,
딸기찹쌀떡

딸기 3~4개, 팥 앙금 100g, 녹말가루 적당량
찹쌀떡 반죽 시판 찹쌀가루 1컵, 물 1컵, 설탕 3큰술, 소금 조금

1 전자레인지용 용기에 찹쌀가루와 설탕, 소금, 물을 담아 고루 섞어요.
  떡집에서 파는 습식 찹쌀가루는 물을 절반으로 2/3컵 정도로 줄여서 넣어주세요.
  이 책에서는 마트에서 쉽게 구할 수 있는 건식 찹쌀가루를 사용했어요.

2 용기에 랩을 씌우고 2분간 전자레인지에 돌려요.

3 내용물을 골고루 섞은 다음 다시 랩을 씌워 전자레인지에서 3분간 가열해서 반죽을 완성해요.

4 딸기는 깨끗하게 씻어 물기를 모두 닦아요.

5 10분정도 잠시 냉동실에 넣어두었던 차가운 팥 앙금에 딸기를 감싸요.

6 팥 앙금을 충분히 사용해서 딸기를 둥글게 덮어줘요.

7 ③을 넓은 쟁반에 옮기고 녹말가루를 묻혀가며 모양을 잡아요.

8 ⑥을 ⑦로 감싸 반죽을 둥글게 잘 빚어요.

초콜릿 옷을 입혀줄까?
초콜릿바나나

| 1 | 2 | 3 |
| 4 | 5 | 6 |

바나나 3개, 다진 견과류(혹은 땅콩분태) 3큰술
가나슈 다크커버춰 초콜릿 80g, 밀크커버춰 초콜릿 50g, 생크림 100g, 물엿 15g,

1 다크, 밀크 커버춰 초콜릿을 준비해서 따뜻한 물을 이용해 중탕으로 녹여요. 중탕물은 끓는 물을 이용하지 않도록 해요.

2 바나나는 반을 잘라 꼬치를 끼우고 냉동실에 잠시 넣어 겉면을 차갑게 만들어요.

3 생크림과 물엿을 함께 담아 70~80℃ 정도로 데운 후, ①에 조금씩 나눠 부으면서 섞어요. 가운데부터 살살 섞기 시작해 점점 가장자리로 가면서 섞어야 서로 분리되지 않아요.

4 견과류는 굵게 다지거나 땅콩분태를 준비해요.

5 ③의 가나슈를 폭이 좁고 깊은 용기에 담아요. 냉동실에 넣어두었던 바나나를 가나슈에 담가 겉을 코팅해요.

6 ④를 겉면에 고루 뿌리고 초콜릿을 잠시 굳혀요. 냉동실에 넣어두고 차게 즐겨도 좋아요.

• 바나나가 차가운 상태라 가나슈를 묻히면 금방 굳기 시작하는데 이때 꼬치를 사과에 꽂아놓으면 손으로 들고 있지 않아도 되니 편해요. 가나슈가 어느 정도 굳으면 트레이에 담아 냉동실에 넣어 보관하세요.

• 가나슈를 만들기 번거롭다면 코팅용 초콜릿을 녹여 사용하면 훨씬 간편해요.

달콤상큼 기분 업!
일본식 과일샌드위치

자른 우유식빵 4개, 생크림 200㎖, 설탕 20g, 키위 2개, 딸기 3개(기타 생과일)

1 키위는 0.5cm 두께로 썰고 딸기는 세로로 3등분해요.

2 생크림은 10%의 설탕을 넣어 휘핑해요.

3 우유식빵에 생크림을 바르고 ①을 올린 다음 다시 생크림을 발라 나머지 식빵 한 쪽으로 덮어요. 가장자리를 잘라내고 접시에 담아요.

1
2
3

실패는 없다!
한입 쏙 카프레제

토마토 1개, 프레시 모차렐라치즈 120g, 엑스트라 버진 올리브오일 50㎖, 생 바질잎 3~4장, 소금·후춧가루 조금씩, 시판 바질페스토 조금, 발사믹소스 조금

1 바질잎은 가늘게 채 썰어 준비해요.

2 엑스트라 버진 올리브오일에 소금과 후춧가루, 채 썬 바질잎을 넣어 고루 섞어요.

3 토마토는 4등분하여 도톰한 두께로 썰고, 프레시 모차렐라치즈도 토마토와 같은 두께로 썰어요.

4 ②에 토마토와 치즈를 넣고 고루 버무려요.

5 토마토와 치즈를 겹겹이 쌓은 다음 바질페스토를 콩알 크기로 올리고 발사믹소스를 살짝 뿌려 완성해요.

집에서 **바질페스토** 만들기

바질 잎 20장, 잣 2큰술, 파르메산치즈 2큰술, 마늘 1/2쪽, 올리브오일 100㎖

• 믹서에 재료를 모두 넣고 갈아주세요.

상큼한 블루베리
생크림요거트와 시리얼

생크림 요거트(혹은 플레인 요거트) 2개, 아가베시럽 또는 꿀 1큰술, 통곡물 시리얼 1큰술, 블루베리 적당량

1 볼에 생크림 요거트나 플레인 요거트를 담아요.

2 아가베시럽이나 꿀을 1큰술 넣어요. 홈메이드 잼이 있다면 잼을 넣어주면 더 좋아요(p.154~156 참고).

3 통곡물 시리얼 1큰술을 적당히 부숴 넣어줍니다.

4 블루베리를 얹어요.

인공적인 맛과 향이 첨가된 요거트보다 플레인요거트에 직접 만든 홈메이드 잼을 함께 곁들여 간식이나 아침으로 준비하세요.

한 컵이어도 든든한
검은깨미숫가루

1
2

미숫가루 2큰술, 검은깨(국내산) 1큰술, 꿀 1큰술, 두유 200㎖

1 믹서에 두유 1/3컵과 검은깨 1큰술을 넣고 갈아요.

2 나머지 두유에 미숫가루를 넣어 덩어리가 생기지 않도록 잘 저어요. 여기에 ①을 넣고 꿀을 섞어 완성해요.

미숫가루도 종류와 가격이 천차만별이에요. 가족의 건강을 생각해서 되도록이면 잡곡이 모두 국내산인지, 발아현미가 어느 정도 들어갔는지 꼼꼼하게 체크하고 구입하세요.

Part 3

맛있게 먹고 힘내!
사랑 꾹꾹 눌러 담은 도시락

도시락 중의 도시락!
김밥의 정석

세월이 지나도 변치 않는 도시락 대표 메뉴가 있다면 김밥 아닐까요? 길쭉길쭉 재료를 손질하고 맛있게 양념해 다양한 김밥을 만들 수 있어요. 김 위에 밥을 올리고 다시 그 위에 갖은 재료를 올려 돌돌 마는 김밥 만들기의 기본기! 지금부터 쭉 한번 정리해볼게요. 김밥의 단골 재료들로 만든 기본 김밥입니다.

재료 준비

1 달걀지단은 두툼하게 준비해요. 달걀 1개에 소금 1꼬집을 넣고 풀어서 기름을 얇게 두른 프라이팬에 부어요.
프라이팬에 기름을 바를 때는 종이타월을 이용하면 얇게 바를 수 있어요.

2 달걀의 한쪽 면이 익으면 한 번 또는 두 번 접어 두께를 만들고 뒤집개로 눌러가며 단단하게 지단을 만들어요. 김의 길이에 맞춰 적당한 폭으로 썰어주세요.

3 햄은 김밥용 길쭉한 것으로 준비해 지단과 같은 두께로 썰어 달군 팬에서 노릇하게 구워요.

4 당근은 채 썰어 달군 팬에 올린 다음 소금을 살짝 뿌려 볶아요.

5 오이는 칼로 껍질의 가시를 긁어내고 반으로 갈라 속을 긁어낸 뒤 다른 속 재료와 같은 두께로 썰어요. 오이에 소금을 살짝 뿌려 잠시 절인 뒤 키친타월에 올려 물기를 빼고 마른 팬에서 잠깐 볶아요.

6 나머지 재료는 취향에 따라 준비하세요. 시금치는 끓는 물에 소금을 조금 넣고 데쳐 물기를 꼭 짜요. 우엉은 밥반찬으로 조려놓은 우엉을 사용하면 편해요. 단무지와 맛살은 다른 속 재료들과 같은 두께로 썰어요. 단무지를 넣지 않을 때는 오이를 조금 많이 넣어도 좋아요. 어묵을 넣을 때는 먼저 어묵을 살짝 볶아 간장 1큰술과 맛술 1큰술, 올리고당 1/2큰술 비율로 섞은 양념장을 넣고 좀 더 볶아주면 맛있답니다.

7 밥 준비하기 밥은 따뜻할 때 볼에 넣고 소금과 참기름으로 양념하세요.
이렇게 해야 양념이 고르게 배요. 김밥을 만드는 내내 밥이 마르지 않도록 볼에 랩을 씌워두세요.

8 김 위에 밥 올려 펴기 김발 위에 구운 김을 올리고 그 위에 양념한 밥을 올려요. 밥은 김의 2/3 정도까지만 올리고 최대한 얇게 펴도록 하세요.
이때 밥은 한 김 식힌 상태가 좋아요. 너무 따뜻한 밥을 올리면 김이 쪼그라들고 눅눅해져 맛이 없어요. 속 재료의 양에 따라 밥이 차지하는 면적이 달라질 수 있어요.

9 밥 위에 재료 올리기 재료는 내 앞쪽부터, 조각나지 않은 재료 순서대로 올리고 채 썬 당근이나 참치 등과 같이 조각이 나는 재료는 가장 나중에 올립니다.
이렇게 해야 김밥을 말았을 때 조각난 재료가 밖으로 빠져나오지 않아요.

10 김밥 말기 재료가 모두 안쪽으로 들어가고 밥과 밥이 만나도록 힘 있게 눌러준 뒤 위쪽에 있는 김발을 잡아당겨며 단단하게 김밥을 말아요. 동그랗게 말린 김밥을 김발로 다시 한 바퀴 감싸 단단하게 모양 잡고 잠시 그대로 두어 고정시켜요.

11 김밥에 윤기 내기 참기름을 솔에 묻혀 김밥 위에 얇게 발라요.

12 김밥 썰기 칼에 참기름을 살짝 발라 김밥을 적당한 두께로 썰어줍니다.

7	8	9	10
11	12		

기본 김밥
김밥 만드는 방법은 p.174 '김밥의 정석'을 참고하세요!

밥 밥 2공기, 소금 1작은술, 참기름 1작은술
속 재료 시금치 1줌, 당근 1/3개, 오이 1/2개, 달걀 2개, 김밥용 햄 적당량, 우엉조림 적당량, 김밥용 단무지 적당량

1 속 재료는 p.174 김밥의 정석을 참고하여 취향에 따라 준비하세요.

2 밥은 따뜻한 상태에서 소금과 참기름을 넣고 고루 섞어요.
　찬밥에 양념하지 않도록 해요.

3 김발 위에 구운 김을 올리고 밥이 김의 2/3 정도 면적을 차지하도록 얇게 펴 올려요. 속 재료를 올린 다음 단단하게 말아줍니다.

참치김밥
김밥 만드는 방법은 p.174 '김밥의 정석'을 참고하세요!

밥 밥 2공기, 소금 1작은술, 참기름 1작은술
속 재료 참치 1캔, 마요네즈 1큰술, 깻잎 8장, 시금치 1줌, 당근 1/3개, 오이 1/2개, 달걀 2개, 김밥용 햄 적당량, 우엉조림 적당량, 김밥용 단무지 적당량

1 참치와 깻잎을 제외한 속 재료는 p.174 김밥의 정석을 참고하여 취향에 따라 준비하세요.

2 밥은 따뜻한 상태에서 소금과 참기름을 넣고 고루 섞어요.
　찬밥에 양념하지 않도록 해요.

3 참치는 기름을 충분히 빼고 마요네즈를 넣어 고루 섞어줍니다. 깻잎은 앞뒤로 깨끗하게 씻어 물기를 제거해요.

4 김발 위에 구운 김을 올리고 밥이 김의 3/4 정도 면적을 차지하도록 얇게 펴 올려요. 그 위에 깻잎을 2장 깔고 속 재료를 올린 다음 단단하게 말아줍니다.

치즈김밥

김밥 만드는 방법은 p.174 '김밥의 정석'을 참고하세요!

밥 밥 2공기, 소금 1 작은술, 참기름 1작은술
속 재료 슬라이스치즈 8장, 깻잎 8장, 시금치 1줌, 당근 1/3개, 오이 1/2개, 달걀 2개, 김밥용 햄 적당량, 우엉조림 적당량, 김밥용 단무지 적당량

1 치즈와 깻잎을 제외한 속 재료는 p.174 김밥의 정석을 참고하여 취향에 따라 준비하세요.

2 밥은 따뜻한 상태에서 소금과 참기름을 넣고 고루 섞어요.
  찬밥에 양념하지 않도록 해요.

3 김발 위에 김을 올리고 밥이 김의 3/4 정도 면적을 차지하도록 최대한 얇게 펴 올려요. 그 위에 깻잎을 2장 얹고 다시 치즈를 2장 올려요.

4 치즈 위에 속 재료를 올린 다음 단단하게 말아줍니다.

김밥의 추억

소풍 때마다 엄마가 싸주시던 김밥은 늘 깔끔하고 예뻤다.
친구들과 몇 시간을 뛰어 놀다 뒤늦게 도시락을 꺼내 먹어도 갓 만든 김밥처럼 맛있었다. 엄마가 만든 김밥은 늘, 당연히 그런 거라고 생각했다.

결혼을 하고 딸아이가 첫 소풍을 가던 날. 덩달아 설레는 마음에 아침 일찍 일어나 김밥을 싸는데, 쉽게만 보였던 김밥 말기가 왜 그리 어려운지. 옆구리는 터지고 말아놓은 모양은 삐뚤 빼뚤 했다. 재료 준비가 끝난 주방은 마치 폭탄 맞은 꼴이었다. 울 엄마는 후딱 쉽게도 만들고 모양도 맛도 좋았는데…….
이제와 생각해보면 그건 엄마가 김밥 싸기 선수여서가 아니라 엄마의 정성과 노력이 오랜 세월 쌓여 만들어진 김밥이었기 때문이었다.

아는 누군가는 김밥은 싸는 것보다 사 먹는 게 편하다고 이야기한다. 물론 그럴 수도 있다. 하지만 김밥 재료를 하나하나 준비하며 딸의 기억에 남을 소풍을 함께 기대하고, 엄마가 싸준 도시락을 들고 집을 나서는 딸의 표정을 보는 즐거움 또한 놓칠 수가 없다. 첫 줄을 싸서 조심스레 썰어 아기 새마냥 엄마 옆에서 입 벌리고 기다리는 아이 입에 쏙 넣어줄 때의 기분! 다들 아시리라! 옆에서 남편도 은근히 한 입 바라는 눈치다.

엄마와 나의 추억을 잊고 싶지 않아서, 또 나와 은찬이의 추억이 될 것이기에 김밥은 앞으로도 쭉~ 내 손으로 싸기로! 이다음에 은찬이가 기억하는 '세상에서 가장 맛있고 예쁜 김밥'은 엄마가 만들어준 김밥이기를 바래본다.

속 재료 준비하기 귀찮은 날,
돈가스김밥과 콘샐러드

일일이 김밥 속 재료를 준비하기 번거로운 날에는 손쉽게 준비할 수 있는 메뉴로 김밥을 변신시켜보세요.
아이들이 좋아하는 돈가스스틱 하나면 인기 만점 소풍 메뉴 완성!

| 1 | 2 | 3 |
| 4 | 5 | 6 |

돈가스스틱 6개(p.100 참고), 시판 돈가스소스 적당량, 양배추 3장, 밥 1공기, 구운 김 2장, 소금 조금, 참기름 조금

콘샐러드 통조림옥수수 1/2캔 분량, 빨강파프리카 1/4개, 다진 양배추 조금, 다진 당근 조금, 다진 양파 조금, 마요네즈 1큰술, 설탕 1작은술, 레몬즙 1작은술, 소금·후춧가루 조금씩

1 양배추는 깨끗이 씻어 물기를 제거하고 얇게 채 썰어요.

2 p.100의 돈가스스틱을 만들어요.

3 밥에 약간의 소금과 참기름을 넣어 고루 섞은 다음 한김 식혀요. p.174 '김밥의 정석'을 참고하세요.

4 김발 위에 구운 김을 올리고 김의 2/3 정도까지 밥을 최대한 얇게 펴 올린 다음 돈가스스틱과 채썬 양배추를 올려요. 양배추 위에 돈가스소스를 실처럼 뿌려요.

5 김발을 이용해 단단하게 말아주고 참기름을 살짝 발라 적당한 두께로 썰어줍니다.

6 볼에 콘샐러드 재료를 모두 넣고 고루 섞어 샐러드를 완성해 곁들이세요.

콘샐러드를 만들 때는 통조림옥수수를 체에 쏟아 물기를 충분히 제거하세요. 그래야 마요네즈소스와 맛있게 어우러져요.

레몬간장소스 닭봉구이와
우엉유부초밥

닭봉 10개, 감자녹말가루 2컵, 포도씨유 적당량, 땅콩가루 조금
레몬간장소스 간장 3큰술, 비정제 설탕 3큰술, 물 3큰술, 청주 1큰술, 맛술 1큰술, 레몬 1/4개
유부초밥 시판 유부초밥용 재료 1봉지, 다진 우엉조림(p.79 참고) 2큰술, 볶은 견과류 1큰술, 밥 2공기

★ <u>전날 밤 준비해요</u> 닭봉은 전날 찬물에 2시간 동안 담가 핏물을 제거해요.

1 레몬은 베이킹소다 또는 굵은 소금을 이용해서 껍질 부분의 끈끈한 왁스를 충분히 씻어낸 뒤 얇게 썰어요. 작은 냄비에 간장, 설탕, 물, 청주, 맛술, 레몬을 담아 설탕이 녹을 때까지 가열합니다.

2 전날 핏물을 뺀 닭봉은 종이타월에 올려 물기를 충분히 제거하고 감자녹말가루를 꼼꼼하게 묻혀주세요.

3 녹말가루 묻힌 닭봉은 200℃ 오븐에서 30분 정도 굽거나 기름을 두른 팬에 올려 중약불로 속까지 익도록 노릇하게 구워요.

4 노릇하게 구운 닭봉을 ①의 레몬간장소스에 버무리고 취향에 따라 땅콩가루를 뿌려줍니다.

5 우엉조림과 볶은 견과류는 다져놓아요. 시판 유부초밥 재료도 함께 준비하세요.

6 볼에 밥 2공기와 ⑤의 재료들을 넣고 고루 섞어서 유부 속을 채워 유부초밥을 완성합니다.

견과류쌈장을 곁들인
쌈밥과 양배추롤

동그랗게 뭉친 밥을 쌈으로 곱게 두른 모양이 참 예뻐서 도시락을 준비하는 제 마음까지 행복해져요. 말갛게 비치는 양배추로 만든 롤도 어릴 적 엄마와의 추억이 담긴 음식이라 가끔 딸아이를 위해 만들곤 하지요. 역시 도시락은 사랑이에요! 뚜껑을 여는 순간 엄마 마음이 고스란히 전해질 테니까요.

1	2	3
4	5	

밥 2공기, 유기농 쌈 케일 12장, 소금 조금

간단 **견과류쌈장** 볶은 아몬드 3큰술, 된장 2큰술, 고추장 1큰술, 매실청 1큰술, 참기름 1큰술, 통깨 조금

견과류쌈장을 곁들인 쌈밥

1 볶은 아몬드는 넉넉히 준비해서 칼로 다져요. 아몬드는 씹히는 맛이 좋기 때문에 너무 곱게 다질 필요는 없어요.
된장의 짠맛을 줄이기 위해 견과류를 넉넉히 넣는 것이 좋아요. 고소해서 쌈밥의 맛이 제대로 살아나지요.

2 볼에 고추장과 된장, 매실청, 참기름, 통깨, 다진 견과류을 모두 넣고 고루 섞어 쌈장을 만들어요.
급할 때는 시판 쌈장에 다진 견과류만 섞어주세요. 시간이 없다고 메뉴를 포기하지 말고 이렇게 응용하는 융통성!

3 끓는 물에 소금을 조금 넣고 쌈 케일을 살짝 데쳐요.

4 데친 쌈 케일을 펴놓고 밥을 동그랗게 올린 뒤 ②의 견과류쌈장을 올려요.
이때 잔멸치볶음과 같은 남은 반찬을 함께 넣어도 좋아요!

5 밥에 재료가 잘 밀착되도록 꽁꽁 말아 쌈밥을 완성해요.

쌈밥은 케일이나 근대, 깻잎, 호박잎, 머위잎 등 다양한 재료로 만들 수 있어요. 마트에서 판매하는 케일은 간혹 너무 커서 쌈밥을 만들기 곤란할 때도 있어요. 저는 초록마을에서 판매하는 쌈 케일을 종종 이용해요. 쌈밥 만들기에 적당한 크기라서요.

불고기 300g, 양배추 1/2통, 무순 적당량, 밥 2공기, 참기름 조금, 통깨 조금, 견과류양념장 조금
※양배추롤에 들어갈 불고기 레시피는 p.194 컵밥의 '바싹불고기'를 참고하세요.

양배추롤

1 양배추는 뒷면의 심 주위에 칼을 꽂아 동그랗게 원을 그리며 돌려 심을 제거해요. 잎이 찢어지지 않도록 한 장씩 떼어냅니다. 찜통에 물을 올려 물이 끓어오르면 양배추를 넣고 10분 정도 찌세요. 양배추가 부드러워지면 꺼내서 찬물에 헹궈 식혀요.
물에 바로 데치는 경우에는 숨이 죽을 때까지 삶으면 돼요.

2 불고기는 양념에 미리 재워두었다가 바싹불고기로 볶아주세요(p.194 참고). 무순은 찬물에 흔들어 깨끗하게 씻은 다음 채소 탈수기를 이용하거나 종이타월에 올려 물기를 제거하세요.

3 위에서 준비한 양배추는 종이타월을 이용해 물기를 깨끗하게 제거하고 김발 위에 틈 없이 연결해펼쳐요. 그 위에 참기름과 소금으로 간 한 밥을 얇게 펴 올리고 다시 바싹불고기와 무순을 차례로 올립니다. 쌈밥 메뉴에서 만들었던 견과류쌈장을 올려 돌돌 말아주세요.
롤을 먼저 완성한 뒤 쌈장을 찍어 올려 모양내도 좋아요.

4 김발로 최대한 단단하게 말아주고 그대로 잠시 두어 모양을 고정시킨 뒤 먹기 좋게 썰어요.

바싹불고기를 만들 시간이 없을 때는 마트에서 양념해 판매하는 불고기를 구입해서 볶기만 하세요. 아침밥으로 만들어 내기도 편리한 메뉴입니다. 쌈장을 곁들일 때 롤 안에 넣지 않고 완성된 롤 위에 찍어 올려 모양내도 좋아요.

장바구니의 오류

"이걸 왜 또 샀어? 냉장고에 있던데."
남편이 종종 묻는다.
"더 필요하니까 샀지~!"
딱히 둘러댈 말이 없어 그냥 우겨본다. 오늘은 뭔가 같은 재료로 다양한 요리를 만들어야 한다!
분명히 다 쓴 것 같아 장바구니에 담았는데 집에 오면 꼭 냉장고 속 어딘가에서 똑같은 것이 나타난다. 이걸 또 남편은 콕! 한번 짚어주시고.
어느덧 결혼 8년 차. 이쯤이면 우리 집 냉장고 속 훤히 꿰뚫고 있어야 할 것을. 왜 아직도 장바구니만 들면 까맣게 잊고 마는 걸까.
아직도 갈 길이 멀다. 알뜰살뜰 똑 소리 나는 주부 9단의 길이여.

라이스크로켓과
꼬마김밥, 과일꼬치

밥 2공기, 양파 1/2개, 피망 1/3개, 당근 1/4개, 밀가루 1컵, 달걀 2개, 빵가루 2컵, 파슬리가루 조금, 소금 조금, 구운 김(4등분한 것) 4장, 키위 1개, 방울토마토 2알, 청포도 4알

1 양파와 피망, 당근은 잘게 다져 달궈놓은 프라이팬에 기름을 두르고 볶아요. 이때 소금을 살짝 뿌려 간을 약하게 해주세요.

2 볼에 밥을 담고 ①의 볶은 양파와 피망, 당근을 넣어 고루 섞어요. 이때도 소금을 조금 뿌려 간을 맞춰요.
꼬미김밥도 만들 거니까 밥의 1/3은 남겨두세요!

3 ②의 밥을 작고 동그랗게 빚은 다음 밀가루→달걀→파슬리가루를 섞은 빵가루 순서로 튀김옷을 입혀주세요. 오목한 프라이팬에 기름을 적당히 붓고 180℃ 온도에서 노릇하게 튀겨요.
폭이 좁은 프라이팬을 이용하면 기름이 덜 튀고 금세 튀겨져요. 빵가루를 떨어뜨려 보아 보글보글 공기방울을 내며 기름 위로 금세 떠오르면 적당한 온도예요.

4 크로켓을 빚고 남은 밥을 구운 김에 싸서 꼬마김밥을 만들어요.

5 방울토마토는 꼭지를 떼고 반으로 썰고, 키위는 껍질을 벗겨 8등분해요. 깨끗하게 씻은 청포도와 함께 과일들을 꼬치에 끼워 도시락에 함께 넣어요.

193

스타일 사는 컵밥과 샐러드

앞서 소개했던 반찬들을 이용해 간편하면서도 예쁜 도시락을 하나 준비해보았어요. 일회용 플라스틱컵을 도시락 통으로 사용하는 거예요. 마치 테이크 아웃 하는 포장 도시락 같지요? 맛있는 바싹불고기와 볶은 김치, 집에 있는 반찬을 이용해요. 샐러드를 곁들이면 밖에서도 건강하고 깔끔한 도시락을 먹을 수 있답니다.

바싹불고기 쇠고기(불고기용) 200g, 양파즙 2큰술, 참기름 1/2큰술
고기 양념 배즙 2큰술, 다진 마늘 1/2작은술, 설탕 1/2큰술, 꿀 1큰술, 양조간장 1큰술, 국간장 1/2큰술, 후춧가루 조금, 김가루 적당량, 마요네즈 조금
샐러드 샐러드용 채소 적당량, 드레싱(p.209 참고)

1	2	3	
4	5	6	7
	8		9

1 쇠고기는 불고기용으로 준비해 종이타월로 살살 눌러 핏물을 닦아내요. 먹기 좋은 크기로 썰어 양파즙과 참기름으로 버무려 1차 밑간을 해서 잠시 두세요. 밑간 한 고기에 양념 재료를 모두 넣고 고루 섞어요. 기호에 따라 대파나 양파를 넣고 버무려줍니다.

2 팬을 달구고 ①의 고기를 올려 볶아요. 오래 볶으면 질겨지기 때문에 고기에서 나온 국물이 있을 때 고기를 건져내고 국물은 바짝 졸여줍니다.

3 국물이 끈적하게 졸여지면 건져두었던 고기를 넣고 빠르게 뒤적이며 볶고 불을 끄세요.

4 볶은 김치를 만들어요(p.197 참고).

5 멸치볶음도 만들어요(p.74 참고).

6 일회용 컵 바닥에 볶은 김치를 깔아요.

7 밥을 적당히 깔고 ⑤의 멸치볶음을 올려주세요.

8 다시 밥을 올리고 바싹불고기를 올린 뒤 김가루를 뿌려요.
취향에 따라 김 위에 마요네즈를 가늘게 뿌려도 별미랍니다!

9 샐러드용 채소는 깨끗하게 씻어 먹기 좋게 썬 뒤 물기를 충분히 빼고 컵에 담아 냉장고에서 차갑게 식히세요. 밥 1컵, 샐러드 1컵! 도시락 준비 끝이에요.
드레싱은 채소에 섞지 말고 별도로 담아 준비하세요.

추억의 도시락

'양은 도시락'이라 불렸던 추억의 도시락 통을 기억하시나요? 하얀 밥 위에 달걀 하나 올려 있고 김치, 콩자반, 그리고 빠져서는 안 되는 하나! 바로 분홍소시지. 요즘은 추억을 떠올리는 별미 메뉴가 되었네요.

밥 1공기, 분홍소시지 1/3줄, 김치 적당량, 달걀 2개(1개는 프라이, 1개는 달걀물용), 들기름 조금, 미역줄기볶음, 콩자반, 멸치볶음
※ '미역줄기볶음'과 '콩자반', '멸치볶음'은 p.74 밑반찬 레시피를 참고하세요!

1 김치는 먹기 좋은 크기로 송송 썰어 들기름을 두른 팬에 올려 달달 볶아요. 신 김치라면 설탕을 넣어주세요.
김치를 볶을 때는 들기름으로 볶아야 맛이 살고 영양에도 좋아요. 중약불에서 달달 볶아 맛있게 익히는 것이 포인트!

2 소시지는 반찬용 둥근 것으로 준비해 0.5cm 두께로 썰어 달걀물을 입혀줍니다.

3 중약불로 달군 프라이팬에서 앞뒤로 노릇하게 부쳐요. 소시지를 부치고 난 팬에 달걀을 1개 깨뜨려 올려 프라이를 만들어요.

4 도시락통에 볶은 김치를 깔아요.

5 김치 위에 밥을 올리고 밥은 달걀프라이로 덮어주세요. 도시락 한쪽에는 소시지와 멸치볶음, 미역줄기볶음, 콩자반을 조금씩 보기 좋게 담아요.
반찬끼리 섞이지 않도록 담아주세요. 집에 있는 밑반찬으로 준비하면 됩니다.

아빠를 위한 충무김밥

딸래미가 좋아하는 것만 만든다고 불만이 많은 우리 남편을 위해 메뉴 하나 추가했어요! 추억의 음식이기도 한 '충무김밥'이에요. 김밥인데 재료를 속에 넣지 않고 매콤한 오징어무침을 맨밥 싼 김밥에 곁들여 먹지요. 저도 가끔씩 생각나는 별미랍니다.

밥 2공기, 구운 김 4장, 오징어 1마리, 무(두께 3cm) 1토막

절임물 설탕 4큰술, 식초 4큰술, 소금 1큰술

오징어 양념 고춧가루 6큰술, 올리고당 2큰술, 맛술 1큰술, 까나리액젓 1큰술, 참기름 1큰술, 진간장 1큰술, 다진 마늘 2큰술, 다진 대파 1큰술, 설탕 2큰술

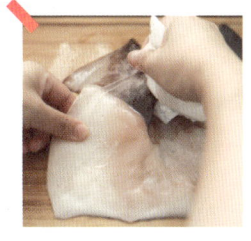

1 무는 안쪽에서 바깥쪽 방향으로 비스듬히 잘라내며 한입 크기로 썰어요.

2 오징어는 종이타월이나 굵은 소금을 이용해 껍질을 벗겨서 끓는 물에 넣고 부드럽게 데쳐요.

3 데친 오징어도 무와 마찬가지로 비스듬하게 썰어 한입 크기로 준비해요.

4 작은 볼에 설탕 4큰술, 식초 4큰술, 소금 1큰술을 넣고 설탕이 녹도록 충분히 저어 절임물을 만들어요.

5 ①의 무에 ④의 절임물 2/3를 부어 1시간 정도 두고 충분히 절이세요.

6 나머지 절임물은 데친 오징어에 부어 함께 절여요.

7 볼에 양념장 재료를 모두 넣고 고루 섞어요.

8 절인 무는 손으로 꼭 짜서 물기를 없애고, 오징어도 물기를 제거해 볼에 담고 준비한 양념장을 넣어 조물조물 섞어요.

9 구운 김을 반으로 자른 다음 한 김 식힌 밥을 얹어 돌돌 말아 먹기 좋은 크기로 썰어요.

오징어 껍질을 벗길 때는 마른 종이타월을 이용하면 쉽게 할 수 있어요.

힘내요 당신, 장어도시락

남편을 응원하는 좋은 방법이 있어요. 바로 도시락을 준비하는 것이에요. 손 편지를 쓰거나 직접 말하기 쑥스러울 때 이걸로 대신하면 효과가 정말 좋아요. 남편 건강도 챙기고 마음도 전할 수 있으니 일석이조이지요? 굳이 말로 할 거 뭐 있나요. 정성껏 만든 도시락 하나만 쓱~ 내밀면 되지요.

시판 양념구이장어 1마리, 밥 2공기, 생강절임 1/2컵, 무순 1줌, 깻잎 6장, 구운 김 3장, 배합초 4큰술
배합초 식초 5큰술, 설탕 4큰술, 다시마(5×5cm) 1장, 소금 조금

1 작은 냄비에 배합초 재료를 모두 넣고 약한 불에 올려 끓여요. 설탕과 소금이 녹을 정도로만 데운 다음 차갑게 식혀요.
따뜻한 밥에는 차가운 배합초를 넣어야 밥알에 배합초가 잘 흡수돼요. 밥 1공기에 배합초 2큰술이 적당합니다.

2 무순은 깨끗한 물에 흔들어 씻어 채소탈수기를 이용하거나 종이타월에 올려 물기를 충분히 제거해요.

3 양념을 발라 구운 장어를 구입해 전자레인지에서 살짝 데운 다음 1cm 너비로 썰어 먹기 좋게 준비해요.

4 뜨거운 밥 2공기에 배합초 4큰술을 넣고 고루 섞어줍니다.

5 김 위에 ④의 밥을 올려 김의 2/3 정도 면적을 차지하도록 얇게 깔아주세요. 그 위에 깻잎과 무순, 생강절임을 순서대로 올려요. 밥의 일부는 남겨두세요.
손에 물을 묻혀가며 만들면 밥풀이 손에 붙지 않아요

6 ⑤ 위에 장어를 2겹으로 올린 다음 단단하게 말아요. 칼에 물을 묻혀서 먹기 좋은 크기로 썰어주세요.

7 ⑤에서 남겨놓은 밥을 동그랗게 뭉쳐 생강절임을 1개씩 올려요.

8 그 위에 장어를 1개씩 올리고 김으로 띠를 만들어 둘러줍니다. 이렇게 하면 2가지 스타일의 장어도시락이 완성됩니다.

1	2	3
4	5	6
7	8	

캘리포니아롤과
치킨가라아게도시락

밥 2공기, 아보카도 1/2개, 김(김밥용) 3장, 맛살 4개, 마요네즈 2큰술, 배합초 4큰술, 소금·후춧가루 조금씩

배합초 식초 5큰술, 설탕 4큰술, 다시마(5×5cm) 1장, 소금 조금

아보카도가 주인공! 캘리포니아롤

1 작은 냄비에 배합초 재료를 모두 넣고 약한 불에 올려 끓여요. 설탕과 소금이 녹을 정도로만 데운 다음 차갑게 식혀요.
따뜻한 밥에는 차가운 배합초를 넣어야 밥알에 배합초가 잘 흡수돼요. 밥 1공기에 배합초 2큰술이 적당합니다.

2 아보카도는 겉면을 빙 둘러 칼집을 내고 가볍게 비틀어 2등분해요. 가운데 씨 부분에 칼을 꽂아 비틀어 씨를 분리하고 껍질을 벗겨 과육만 발라내세요.

3 아보카도 과육은 김밥 안에 넣을 만한 크기로 도톰하게 채 썰어주세요.

4 맛살은 결대로 찢어 마요네즈를 넣고 버무린 다음 소금과 후춧가루를 살짝 넣어 간을 맞춰요.

5 오이는 깨끗이 씻어 돌려깎기하고 채 썰어 소금을 조금 넣고 잠시 절였다가 종이타월 위에 올려 물기를 제거합니다.

6 뜨거운 밥에 차갑게 식힌 배합초를 넣고 고루 섞어요.

7 김발 위에 김을 2/3 크기로 자르고 밥을 올려 얇게 편 뒤 그 위에 랩을 얹어요.
손에 물을 묻혀가며 만들면 밥풀이 손에 붙지 않아요. 밥 위에 날치알이나 깨를 뿌린 다음 랩을 올려도 맛있는 롤이 돼요.

8 ⑦을 김이 위로, 랩이 아래로 가도록 뒤집은 다음 아보카도와 맛살, 오이를 듬뿍 올리고 랩을 위쪽으로 잡아당기면서 김발로 단단하게 말아줍니다.

9 다 말은 롤은 랩으로 감싼 채로 잠시 두었다가 칼에 물을 묻혀 살살 썰어주세요.

| 1 | 2 |
| 3 | 4 |

닭다리살 300g, 녹말가루 3큰술, 달걀 1/2개, 포도씨유 적당량
고기 양념 청주 1큰술, 다진 파 1/2큰술, 다진 생강 1/2작은술, 다진 마늘 1/2작은술, 소금·후춧가루 조금씩

만만한 곁들이 메뉴, 치킨가라아게

1 가위로 닭다리살에 붙어 있는 기름과 핏덩어리를 깨끗하게 잘라내요. 이 과정을 꼭 거쳐야 잡냄새 없이 맛있는 가라아게가 완성됩니다!

2 닭다리살을 한입 크기로 자른 뒤 소금, 후춧가루, 다진 파와 다진 생강, 다진 마늘, 청주를 넣고 조물조물 버무려 20분 정도 재워둡니다.

3 양념에 재워둔 닭다리살에 달걀과 녹말가루를 넣어 한 번 더 버무려요.

4 170℃의 기름에 ③을 넣고 4분 정도 튀겨 건져요. 기름의 온도를 180℃로 높인 다음 1차 튀겨낸 닭다리살을 넣고 2분 정도 바삭하게 튀겨냅니다.

가라아게는 닭고기나 생선 등에 밀가루 또는 녹말가루를 입혀 튀겨낸 일본 요리를 말해요. 그 중에서 닭고기로 만든 것을 치킨가라아게라고 불러요. 치킨가라아게를 밑들 때는 고기를 재울 때 이미 양념으로 간이 충분히 배어 있으니 특별한 소스 없이 그대로 먹거나 레몬 정도만 곁들이는 것이 좋아요.

캘리포니아롤을 만들고 남은재료를 활용하세요! **김초밥과 오이롤**

치킨가라아게
오이롤
김초밥
캘리포니아롤

달걀 1개, 오이 2개, 맛살(캘리포니아롤을 만들고 남은 것) 조금, 통조림참치 1/2캔, 마요네즈, 배합초(아보카도롤을 만들고 남은 것), 김 2장

1 달걀지단은 두툼하게 만들고 오이 1개는 굵게 썰어 소금으로 살짝 절인 뒤 종이타월에 올려 물기를 충분히 제거합니다. 또 다른 오이 1개는 준비해 필러를 이용해 얇고 길게 슬라이스하세요.

2 캘리포니아롤을 만들고 남은 맛살(마요네즈로 버무린 것)과 참치를 준비해요. 참치도 마요네즈를 넣고 버무려주세요.

3 캘리포니아롤을 만들 때 준비한 배합초 남은 것을 밥에 섞어요. 1/2로 자른 김 위에 밥의 절반 분량을 얇게 펴 올리고 취향에 따라 오이와 달걀지단을 함께 넣거나 단무지와 참치마요네즈를 함께 넣고 돌돌 말아 먹기 좋게 썰어서 김초밥을 완성해요.

4 ③에서 남긴 밥을 한입 크기의 타원형으로 빚은 다음 ①에서 필러로 슬라이스해둔 오이로 주위를 감싸요. 그 위에 마요네즈에 버무린 맛살이나 참치를 올려 오이롤을 완성합니다.

1 2

샐러드를 곁들인
차돌박이김밥과 메추리알튀김

차돌박이 300g, 밥 2공기, 구운 김 3장, 영양부추 적당량, 무순 1줌, 참기름 조금, 소금·후춧가루 조금씩

차돌박이김밥

1 신선한 차돌박이를 준비해서 넓게 펴놓고 소금과 후춧가루를 뿌려 밑간을 합니다.
차돌박이가 신선해야 김밥이 식은 후에도 잡냄새 없이 맛있게 먹을 수 있어요.

2 영양부추와 무순은 깨끗하게 씻어 물기를 제거해요. 밑간한 차돌박이는 중불로 달군 팬에 올려 빠르게 구워냅니다.

3 밥에 소금과 참기름을 넣고 고루 섞어 간을 해요. 김발 위에 김을 올린 다음 그 위에 밥을 얇게 펴 올려요. 김 면적의 2/3 정도가 밥으로 덮이면 적당합니다. 구운 차돌박이를 결 방향을 가로로 해서 넉넉히 올리고 영양부추와 무순도 함께 올린 다음 단단하게 말아주세요.
채소에는 간을 하지 않으므로 밥과 고기에 밑간을 해주세요.

메추리알 15개, 달걀 1개, 밀가루 3큰술, 빵가루 1컵, 파슬리가루 조금

메추리알튀김

1 냄비에 찬물을 넣고 메추리알을 넣어 7분 동안 삶아낸 뒤 껍질을 벗겨 준비해요.
삶아서 껍질을 벗긴 상태로 판매하는 메추리알도 있어요. 바쁠 때 가끔 이용하기 좋아요.

2 빵가루에 파슬리가루를 섞어놓아요. 메추리알에 밀가루→달걀→빵가루 순서로 옷을 입혀주세요.

3 뜨겁게 달군 기름에 ②의 메추리알을 넣고 단시간에 노릇하게 튀겨내요.

4 간단하게 메추리알튀김이 완성돼요. 메추리알을 다양한 조리법으로 만들어 도시락에 자주 곁들여주세요.

로메인 2포기, 라디치오 잎 2장, 샐러드용 어린 잎 적당량, 자른 식빵 1장, 소금·후춧가루 조금씩
파인애플 발사믹드레싱 다진 파인애플 2큰술, 파인애플과즙 3큰술, 올리브오일 3큰술, 발사믹식초 1큰술, 그라나파다노 또는 파르미지아노 레지아노(파르메산치즈의 블록 형태) 적당량, 소금·후춧가루 조금씩

심플 로메인샐러드

1 로메인은 먹기 좋은 크기로 썰거나 손으로 뜯어 찬물에 담가요.

2 라디치오도 로메인과 같은 크기로 썰거나 손으로 뜯어 찬물에 담가요.
라디치오의 잎을 떼어낼 때는 먼저 통 라디치오의 심 주위에 칼을 넣고 동그랗게 돌려 심을 제거하세요. 그 다음 잎을 떼어내면 잎이 찢어지지 않고 한 장씩 떨어집니다.

3 로메인과 라디치오, 샐러드용 어린잎을 모두 흔들어 씻어 채소탈수기에 넣고 돌려 물기를 충분히 제거합니다. 물기를 뺀 채소는 지퍼백이나 밀폐용기에 담아 냉장고에 넣어두세요.

4 식빵은 큐브모양으로 깍둑썰기하세요. 약한 불로 달군 팬에 버터를 두른 뒤 식빵을 올려 노릇하고 바삭하게 구워 크루통을 만들어요.
이때 크루통이 타지 않도록 주의하세요!

5 발사믹식초에 파인애플 과육과 과즙을 넣어 고루 섞은 다음 올리브오일을 조금씩 넣어가며 함께 섞어주세요. 소금과 후춧가루로 간을 맞춰가며 섞어요.

6 냉장고에 넣어 차갑게 보관해둔 채소를 꺼내 그릇에 담고 ⑤의 드레싱을 뿌려 버무려요.

7 준비한 치즈를 그레이터로 굵게 갈아 ⑥ 위에 뿌리고 ④의 크루통을 올려 샐러드를 완성합니다.

로메인을 통으로 사용해도 좋아요. 삶은 달걀을 추가해서 아침식사 대용 든든한 샐러드를 만들 수도 있어요.

초스피드로 완성하는 **기본 드레싱 3가지**

발사믹식초 3큰술, 엑스트라버진 올리브오일 9큰술, 꿀 1큰술, 머스터드 2작은술, 다진 로즈마리 또는 타임 1작은술, 소금·후춧가루 조금씩

발사믹드레싱

1 볼에 올리브오일과 소금, 후춧가루를 제외한 모든 재료를 넣고 고루 섞어요.

2 올리브오일을 조금씩 부어가며 거품기로 저어 고루 섞고, 소금과 후춧가루로 간을 맞춰요.

레몬즙 3큰술, 엑스트라버진 올리브오일 9큰술, 꿀 1큰술, 소금·후춧가루 조금씩

레몬드레싱

1 볼에 레몬즙과 꿀을 넣고 충분히 저어 섞어요.

2 올리브오일을 조금씩 부어가며 거품기로 고루 섞은 다음 소금과 후춧가루로 간을 맞춰요.

다진 마늘 1/2큰술, 레몬즙 3큰술, 엑스트라버진 올리브오일 9큰술, 간장 1큰술, 꿀 1큰술, 참기름 1/2작은술, 파슬리가루 1/2작은술

오리엔탈드레싱

1 볼에 올리브오일을 제외한 모든 재료를 넣고 고루 섞어요.

2 올리브오일을 조금씩 부어가며 거품기로 충분히 섞고 소금과 후춧가루로 간을 맞춰요.

달걀샌드위치 반!
참치샌드위치 반!

달걀샌드위치 식빵 4장, 달걀 2개, 오이 1/4개, 양파 1/4개, 마요네즈 4큰술, 설탕 1/2작은술, 소금 조금
참치샌드위치 식빵 4장, 통조림참치 1캔, 양파 1/4개, 허니머스터드 1큰술, 마요네즈 1큰술

1	2	3
4	5	6

1 달걀은 끓는 물에 넣고 12분 정도 완숙으로 삶아요.

2 달걀을 삶는 동안 양파는 다지고 오이는 얇게 저며 썰어요. 소금을 살짝 뿌려 절여둡니다.
다진 양파는 달걀샌드위치와 참치샌드위치에 공통으로 들어가니 두 가지 만들 분량을 함께 절여요.

3 완숙으로 삶은 달걀은 바로 찬물에 담가 식히고 껍질을 벗긴 뒤 다져요.

4 절인 양파와 오이는 종이타월이나 면보자기에 올려 물기를 제거합니다. 양파는 절반을 남기고 나머지 절반과 오이, ③의 달걀을 함께 볼에 넣어요. 마요네즈와 설탕, 소금을 넣고 고루 섞어 샌드위치 소를 만들어요.

5 통조림참치는 기름을 빼고 으깬 뒤 ④에서 반 남겨둔 절인 양파와 허니머스터드, 마요네즈를 넣고 고루 섞어 샌드위치 소를 만들어요.

6 식빵을 먹기 좋은 크기로 썰어 각각의 소를 넣어 샌드위치를 완성합니다.
샌드위치메이커를 이용해 모양을 내도 좋아요!

한 개만 먹어도 든든해!
감자샌드위치

식빵 4장, 감자(중간 크기) 2개, 베이컨 2장, 오이 1/3개, 양파 1/4개, 버터 1/2큰술, 마요네즈 3큰술, 소금·후춧가루 조금씩

1 오이는 얇게 저며 썰고 양파는 잘게 다져요. 얇게 썬 오이와 다진 양파에 소금을 살짝 뿌려 잠시 절여두세요.

2 감자는 중간 크기로 2개를 준비해 스팀백에 넣어 전자렌지에서 7분간 가열하거나 감자가 잠길 정도의 물에 소금을 조금 넣고 삶아요.

3 베이컨은 1cm 간격으로 썰어 팬에 넣고 바싹 볶아낸 뒤 종이타월에 올려 기름을 제거합니다.

4 ①의 오이와 양파가 절여져 물이 나오면 종이타월이나 면보자기로 감싸 꼭 짜주세요.

5 감자가 다 삶아지면 뜨거운 상태의 감자를 볼에 넣고 으깨가며 버터, 소금, 후춧가루를 넣고 고루 섞어요. 감자가 따뜻할 때 절인 오이와 양파, 볶은 베이컨, 마요네즈를 넣고 고루 섞어 샌드위치 소를 만들어요.

6 식빵은 원하는 모양과 크기로 먹기 좋게 썰어요.
샌드위치메이커를 이용하는 경우에는 별도로 썰지 않고 그대로 넣어 모양내요!

7 식빵 사이에 감자소를 넣어 샌드위치를 완성해요.

도시락 귀엽게 꾸미기 01 **동물나라 메추리알**

한 입에 쏙 들어가는 메추리알은 고소해서 아이들이 좋아해요. 단백질이 풍부해서 도시락 한쪽에 곁들이면 영양 밸런스를 맞출 수 있어요. 아이들 취향에 맞춰 모양을 좀 내볼까요? 앙증맞은 동물 메추리알이면 세상에서 제일 멋진 엄마표 도시락을 만들 수 있어요.

1 메추리알커터를 이용하면 쉽게 모양을 낼 수 있어요.

2 당근은 얇게 슬라이스하고 메추리알커터로 찍어 동물의 특징이 되는 부분을 만들어요. 메추리알커터가 없을 때는 밑그림을 그려 가위로 오려내면 됩니다.

3 메추리알 윗부분에 사진과 같이 길이의 1/3 정도 되도록 칼집을 내고 ②에서 만든 동물 귀나 벼슬 등을 끼워 넣어요. 김을 펀치로 뚫어 눈, 코, 입 등을 만들어 붙여요. 이쑤시개를 이용하면 편리합니다. 빨간 볼은 케첩을 찍으면 돼요.

1	2
3	4

도시락 귀엽게 꾸미기 02 **앙증맞은 소시지**

1 꿀꿀 돼지 비엔나소시지의 윗부분에 삼각형으로 어슷하게 칼집을 내고 귀가 양쪽으로 벌어지도록 가운데에도 칼집을 내요. 끓는 물에 데치거나 약한 불로 달군 팬에서 살살 굴려가며 볶아줍니다. 검정깨로 눈을 만들어요.

2 문어 선생 비엔나소시지 한 쪽의 둥근 부분에 8등분으로 칼집을 내요. 끓는 물에 데치거나 약한 불로 달군 팬에서 살살 굴려가며 볶아줍니다. 검정깨로 눈을 만들어요.

3 꽃이 피었습니다 비엔나소시지를 반으로 자른 단면에 가로 4등분, 세로 4등분으로 칼집을 내요. 끓는 물에 데치거나 약한 불로 달군 팬에서 살살 굴려가며 볶아줍니다.

4 엄마 마음은 하트 비엔나소시지를 45°로 비스듬하게 썰어 서로 단면이 닿도록 해 하트 모양으로 붙인 뒤 꼬치로 꽂아 고정시켜요. 끓는 물에 데치거나 약한 불로 달군 팬에서 살살 굴려가며 볶아줍니다.

5 엉금엉금 꽃게 비엔나소시지를 길이로 반 가른 다음 양쪽의 둥근 부분을 살짝 잘라내요. 다시 양쪽에 여섯 번의 칼집을 내고 끓는 물에 데치거나 약한 불로 달군 팬에서 살살 굴려가며 볶아줍니다. 검정깨로 눈을 만들어요.

콩닥맘네 아침밥과 도시락
아침 드셨어요?

ⓒ이미영, 2015

초판 1쇄 발행일 2015년 1월 20일
초판 3쇄 발행일 2015년 3월 30일

지은이 이미영
펴낸이 윤은숙
기획·편집 책임 이희원
디자인 여치 http://srladu.blog.me
그릇 협찬 에델바움
마케팅 석철호 나다연 옥찬미
관리 구법모, 엄철용

펴낸 곳 (주)느림보
등록일자 1997년 4월 17일
등록번호 제10-1432호
주소 경기도 파주시 회동길 198
전화 편집부 031-955-7383 마케팅 031-955-7374
팩스 031-955-7393
홈페이지 www.nurimbo.co.kr

이 책의 글과 사진의 일부 또는 전부를 재사용하려면 반드시 저작권자와 (주)느림보 양측의 동의를 얻어야 합니다.
책값은 뒤표지에 있습니다.
ISBN 978-89-5876-193-8 13590

이 도서의 국립중앙도서관 출판시도서목록(CIP)은 e-CIP 홈페이지(http://www.nl.go.kr/ecip)와
국가자료공동목록시스템(http://www.nl.go.kr/kolisnet)에서 이용하실 수 있습니다.
(CIP제어번호 : CIP2015000185)